Cómo esquivar a un
DRAGÓN

una lectura
devocional de
Apocalipsis

Mark E. Moore

LATM
• Literatura Alcanzando a Todo el Mundo •
P.O. Box 645 • Joplin, MO 64802-0645 • E.U.A.

La RED es un servicio voluntario para promover la obra literaria. Su propósito es apoyar y ayudar todo esfuerzo relacionado con la producción de literatura bíblica y cristiana. La RED se compromete a servir a la comunidad publicadora utilizando la riqueza de la diversidad cultural e intelectual de sus recursos humanos y técnicos, sin embargo, respetando la autonomía de cada entidad para la unidad de la iglesia.

La RED es un servicio disponible a quien quiera utilizar los recursos humanos cooperativos para la revisión y mejoramiento de los trabajos impresos y así mantener una fidelidad al lenguaje.

Este logotipo (sello) es el símbolo representativo de la calidad en ortografía y el uso de un lenguaje común con el propósito de que el mensaje bíblico y las aplicaciones cristianas sean comprendidas por la gran mayoría de hispanohablantes.

Contenido

Para Bárbara

Como esta Revelación, eres un misterio
muy demasiado profundo y maravilloso para mi entender.

Como este libro, reconfortas mi alma
y llevas mi espíritu al borde del cielo.

Y como esta visión, mientras más oscuros mis días,
más me aferro a la belleza de tu presencia.

Estudios para grupos pequeños

B ienvenido a este estudio grupal acerca del cielo. El diseño del libro es para facilitar su uso con sencillez para ver asuntos importantes de la vida cristiana. Este volumen tiene que ver con estudio bíblico.

Hay una variedad de formas en la cual se podría usar este estudio. Y que hay una cantidad de lecciones limitadas, el formato es ideal para cristianos nuevos o potenciales quienes pueden empezar a estudiar sin sentir que estarán atados a un compromiso largo. También se podría usar semanalmente como estudios bíblicos para grupos en casa por uno o dos meses. El libro sirve para ser estudiado individualmente o en grupo.

Por supuesto, cualquier estudio sólo es tan bueno como el empeño que cada uno ponga. El líder del grupo debe estudiar cada lección cuidadosamente antes de que se reúnan los del grupo de estudio y, si es posible, debe traer escrituras adicionales y otros materiales de apoyo. Aunque ya tiene preguntas proporcionadas para cada lección del estudio, sería de mucha ayuda si el líder tuviera sus propias preguntas formuladas.

Tampoco es necesario terminar con la lección en una sola sesión. Si la discusión está saliendo bien, no sienta que la tiene que parar para poder terminar a tiempo, siempre y cuando la discusión tenga que ver con el tema y no con otras cosas.

Ya que hay más interés en la profecía ahora que en cualquier otro tiempo en la historia del mundo, y que hay mucha confusión también, esperamos que este estudio de nueve lecciones les ayudarán.

Una palabra de advertencia: No es la intención del autor ni de los publicadores del estudio que este estudio sea la interpretación definitiva del libro de Apocalipsis. Sin embargo, como indica el subtítulo del libro es una lectura devocional, el libro es para enseñarnos lecciones generales. Algo de interpretación de las visiones es inevitable y quizás usted no estará 100% de acuerdo con las interpretaciones. No obstante, esto no debe distraerle del desarollo temático del guía de estudio. La intención del autor se explica más en la siguente introducción del estudio.

Cómo esquivar
a un dragón

El libro que sostienes en tus manos no es un comentario de interpretación en su forma usual. No está diseñado para decirte qué quiere decir cada versículo. Sino que está diseñado para preguntar, "¿Cómo es que este mensaje puede cambiar la manera en que vivo mi vida?" En otras palabras, los comentarios de interpretación se dirigen a la mente. Este libro se dirigirá al corazón y a las manos.

Lo más importante que le podemos preguntar en este libro, no es "¿Cuándo regresará Cristo?" ni "¿Cómo llegará el mundo a su fin?" Más bien, la pregunta crucial es, "¿Cómo deberían vivir los cristianos en un mundo tan retorcido como el nuestro?" La escatología (el estudio sobre el fin de los tiempos) en la Biblia es sorprendentemente práctica. Ya sea que se hable de Mateo 24, 1 Tesalonicenses 4 o 2 Pedro 3 el consejo siempre es el mismo: ¡Estén listos!

¿Qué consejo nos da la Biblia sobre el prepararnos para el regreso de Cristo Jesús? ¿Debemos comprar un refugio antiaéreo y llenarlo de comida? ¿Debemos congregarnos en la cima de una montaña en el desierto? ¿Debemos identificar al anticristo y predicar en contra de la sociedad de diez naciones? No, la Biblia simplemente nos dice que debemos vivir una vida de piedad y ser santos. Nos dice que debemos aferrarnos a Cristo con todo. Nos implora mantener nuestros ojos fijamente en Cristo, a limpiar la iglesia, a adorar vigorosamente y, sobre todo, a ser firmes en nuestra fe hasta el final.

Muchas veces el libro de Apocalipsis es visto como un calendario. Unos lo ven como un libro de historia que describe la persecución del emperador Decio en el primer siglo. Otros creen que habla sobre eventos del futuro. Las dos interpretaciones tratan de ponerle a su simbolismo una fecha en el calendario. Pero esto crea un problema. Si este libro es primordialmente del pasado, entonces no es muy motivador para nosotros hoy en día. Si es primordialmente del presente, entonces no tenía mucho significado para los lectores originales. Cualquiera que sea, la mayoría de los cristianos en la historia de la iglesia quienes aplicaban Apocalipsis a ellos mismos estaban equivocados.

Pero ¿qué pasaría si Apocalipsis no fuera visto como un calendario sino como un patrón? ¿Qué pasaría si pudiéramos aplicar sus principios a cualquier período de sufrimiento? Entonces la mayoría de los cristianos en la historia de la iglesia que aplicaron Apocalipsis a sí mismos estaban en lo correcto. Esto no quiere decir que Juan no tenía en mente una realidad histórica cuando escribió el libro. Sin embargo, lo que sí dice es, como en las profecías del Antiguo Testamento, hay principios y metáforas incrustados en ellas que son contemporáneos y relevantes para cada generación. Es por eso que este libro tiene relevancia perpetua. Donde sea que haya tragedia o sufrimiento, cristianos perseguidos o maldad fuera de control, este libro se entrelaza en la vida de la iglesia, recordándole a la gente de Dios de su seguridad en Cristo, la seriedad de sus batallas espirituales y la soberanía maravillosa de nuestro Dios todopoderoso.

En el primer capítulo Jesús promete una bendición para aquellos que leen y obedecen el libro (1:3). Entonces cualquier creyente que lee este libro y sale asustado en vez de fortalecido lo ha leído mal. En pocas palabras, este libro no es el diario de Nostradamus de los eventos del fin del mundo, sino un guía para el peregrino en tiempos de sufrimiento. No contestará todas tus preguntas, pero sí alumbrará tu camino para guiarte en tus tribulaciones. Por eso, sospecho que los que sufren más entenderán mejor este libro maravilloso llamado Apocalipsis. Para los cristianos que están enfrentando persecución física, este libro tiene sentido. Para los creyentes devastados por sufrimientos sin sentido, este libro trae alivio. Para los santos que están por rendirse, este libro trae esperanza. Con este fin oro yo, para que las siguientes páginas magnifiquen la luz de este libro en su peregrinaje personal.

Mark E. Moore

1
UNO

Tres retratos de Jesús

Apocalipsis (Revelaciones) es un libro muy resbaloso cuando lo tratas de sujetar. ¿Qué es exactamente lo que quiere decir? Para empezar, podríamos suponer que el libro de Apocalipsis revela cosas. Es decir, descubre cosas. ¿No es esto lo que quiere decir el título? No hay nada nuevo en esto. Martín Lutero también hizo la misma observación. De hecho, Lutero sugirió que el libro de Apocalipsis debería ser sacado de la Biblia porque no revelaba muchas cosas. Muchos lectores de Apocalipsis terminan más confundidos que cuando lo empezaron a leer. Si se supone que debe revelar o descubrir algo, no parece ser que funcione así.

Parte del problema es que normalmente gastamos la mayor parte de nuestro tiempo en símbolos individuales como 666 y langostas que pican como escorpiones. Como resultado perdemos los valores principales del libro. En otras palabras nos ponemos a contar las pinceladas en lugar de ver el cuadro en grande. Si dejáramos de concentrarnos en los símbolos y nos enfocáramos más en las pinceladas amplias, a lo mejor podríamos ver lo que Dios nos está tratando de decir. De hecho, el libro de

Apocalipsis *sí* descubre cosas, ¡cosas importantes! Cosas como la eternidad. Aquí tenemos un plano del cielo. Cosas como el regreso de Cristo y como él arreglará todos los males. Esas son cosas importantes. Nos ayuda a responder a esta pregunta, "¿Por qué le suceden cosas malas a la gente buena?" ¡Esto es algo *grande*! Todos estamos conscientes de que estamos en una batalla espiritual entre el bien y el mal. Mientras sube el telón en Apocalipsis, detrás del velo físico podemos ver rápidamente unos vistazos de las realidades espirituales con las cuales tenemos que tratar diariamente. Todo esto son cosas importantes, y eso es lo que revela este libro. Sin embargo, de todas las revelaciones, la más magnífica es ésta: La persona de Cristo (Jesús).

Sin duda ya sabes cual es la apariencia de Jesús. Has visto su retrato en la Iglesia. El problema es que Jesús no es escandinavo, es judío. Así que tendrás que oscurecer su piel un poco más, y tendrás que cambiar el color de sus ojos a café o negro. Más aun, si tienes un programa en la computadora de animación, tendrás que hacer algo con esa nariz romana, porque a fin de cuentas él es judío.

Digamos, solo para discusión, que de veras te imaginas a Jesús como un palestino del primer siglo. Aun así, eso sólo es una pequeñita parte de su existencia. Jesús sólo tuvo piel por treinta y tres años. Antes de esto el tuvo una historia eterna. Y desde ese tiempo su retrato se ve muy diferente a los retratos que están en los pasillos de tu hogar. *El libro de Apocalipsis nos muestra la apariencia real de Jesús. Nos dibuja tres retratos.* Echa un vistazo.

Jesús el sumo sacerdote

El libro de Apocalipsis nos muestra la apariencia real de Jesús. Nos dibuja tres retratos.

En el primer capítulo Juan está sentado en una isla en medio del Mar Egeo, abandonado y exiliado. Es el Día del Señor, entonces comienza a adorar, orar, sin prestar atención a nada. Y más o menos por la tercera estrofa de "Cuán grande es él" Jesús se le acerca a escondidas y lo espanta. En el versículo 11 Jesús le grita a Juan por atrás y le dice, "Escribe en un libro lo que veas y envíalo a las siete iglesias". Juan voltea y allí está el colosal Sumo Sacerdote. ¿Cómo sabemos que él es un sumo sacerdote? Por su vestimenta. Su túnica le llega hasta los pies y está ceñido con oro puro. Allí está, parado entre los candelabros. Al igual como lo haría un sumo sacerdote. Es impresionante desde la cabellera hasta las sandalias. Sus pies lucen como bronce al rojo vivo en un horno. Tenemos a un sumo sacerdote que va dejando carbón al caminar por Patmos. Su cabellera luce blanca como la lana. Para nuestra cultura se ve como un hombre viejo, pero si nos ponemos unas gafas judías, empezamos a ver a Dios. Sin duda Juan estaba pensando en Daniel 7: 9 cuando escribió esas palabras. Daniel dice, "Mientras yo observaba esto, se colocaron unos tronos, y tomó asiento un venerable Anciano". ¡Este es Dios mismo! Daniel lo describe: "Su ropa era blanca como la nieve, su cabello blanco como la lana". De regreso a Apocalipsis. Esperamos ver a Jesús a través de los ojos de Juan, en cambio vemos a Dios en el atuendo de un sumo sacerdote. Padre e Hijo ahora son uno y el mismo.

Jesús también fue descrito como el "Hijo del Hombre". Eso suena familiar, pues está tomado directamente de los evangelios. Cristo mismo se refirió a sí mismo como el Hijo del Hombre. ¿Crees que está presumiendo? Para nada. En el Antiguo Testamento la frase "hijo del hombre" es usada 100 veces y 93 de ellas se encuentran en Ezequiel. Cada vez que Dios le dice a Ezequiel "hijo del hombre" no lo está elevando, sino que lo esta poniendo en su lugar. Le está diciendo, "Yo soy Dios, tú eres 'hijo del hombre'. Tú eres humano—todo con verrugas y barros. Un humano-humano". Hay un solo versículo en el Antiguo Testamento que no encaja con este patrón. Se encuentra en Daniel 7:13. Ya hemos estado allí, ¿Te acuerdas? Esta es la visión del venerable Anciano. Llegando al final de la visión dice, "Vi que con las nubes del cielo, venía uno como un hijo de hombre" (Reina-Valera 1995). Esto es un poco raro porque cuando uno

11

escucha "hijo del hombre" uno piensa "humano", pero cuando uno escucha "nubes del cielo", uno piensa "Dios". Repentinamente los dos se han mezclado y ahora están en donde los humanos habitan. Y cuando Juan voltea rápidamente, él espera ver a Jesús, pero al que ve es a Dios. *Él ve la combinación de lo divino y lo humano aquí donde él vive.* Ese es el retrato número uno.

Jesús el cordero de Dios

El retrato número dos sale del capítulo cinco del libro de Apocalipsis. Juan se mete a escondidas en la sala del trono de Dios y obtiene un vistazo del Todopoderoso. En su mano derecha Dios sostiene un rollo el cual tiene algo escrito por ambos lados. La curiosidad de Juan es como la de un gato y quiere saber lo que está escrito en este rollo. Pero entre todas la glorias del cielo, todos los magistrados alrededor, los ancianos, las bestias, las criaturas, los ángeles, ninguno de ellos es digno de abrir el rollo. Y Juan comienza a llorar. Llora y llora porque nadie es digno de abrir el rollo. Entonces viene un ángel para consolarlo y le dice, "No llores, porque hay uno, sólo uno, que es digno de abrir el rollo. Él es el León de la tribu de Judá". Y empieza la fanfarria. Del lado izquierdo sale caminando . . . pensarías que es el león de Judá. Pero como una mala y cruel broma sale un cordero sacrificado. ¿Qué está sucediendo? El ángel dijo que era el león de Judá pero sale un patético cordero. No mal entendamos. El cordero, aunque inmolado, ahora está muy vivo. Y aunque el cordero ha recibido una golpiza, no es un debilucho. Aun suena un poco absurdo comparar a un cordero herido con un león victorioso ¿o no?

¿Qué haces con un cordero como éste? Cuando lo ves, solo hay una cosa que puedes hacer — adorarlo. Ve como *todo el cielo llega a sus pies para adorarlo en el capítulo cinco.*

Luego miré, y oí la voz de muchos ángeles que estaban alrededor del trono, de los seres vivientes y de los ancianos. El número de ellos era millares de millares y millones de millones. Cantaban con todas sus fuerzas:

Todo el cielo llega a sus pies para adorarlo en el capítulo cinco.

«¡Digno es el Cordero, que ha sido sacrificado,
de recibir el poder,
la riqueza y la sabiduría,
la fortaleza y la honra,
la gloria y la alabanza!»

Ese es el retrato número dos.

Un Rey vestido para la batalla

El retrato número tres sale del capítulo diecinueve del libro de Apocalipsis. Se inicia con el coro Aleluya. Primer versículo: "¡Aleluya! La salvación, la gloria y el poder son de nuestro Dios". Ahora brinquemos al versículo tres: "¡Aleluya! El humo de ella sube por los siglos de los siglos". Y de nuevo en el versículo cuatro: "¡Amén, Aleluya! Y del trono salió una voz que decía: '¡Alaben ustedes a nuestro Dios, todos sus siervos, grandes y pequeños, que con reverente temor le sirven!'" Y una última vez en el versículo seis después de truenos y gritos: "¡Aleluya! Ya ha comenzado a reinar el Señor, nuestro Dios Todopoderoso. ¡Alegrémonos y regocijémonos y démosle gloria! Ya ha llegado el día de las bodas del Cordero. Su novia se ha preparado". Estas son las cuatro y únicas veces que se usa la palabra "Aleluya" en el Nuevo Testamento. ¡Qué emocionante!

Nos estamos preparando para una boda. Habrá un banquete para el novio. Entonces uno espera que del lado derecho del

Cuando las puertas del cielo se abren no es el novio que sale sino un rey conquistador.

13

escenario aparecería el novio. Pero *cuando las puertas del cielo se abren no es el novio el que sale, sino un rey conquistador.* El monta un caballo blanco y sobre su cabeza lleva varias coronas. Reconocemos esos ojos como de fuego y su lengua de espada del capítulo uno. Sin duda él es el Cristo de Dios. Cuando apareció en el libro de Mateo tenía atuendo de galileo. Cuando regresa en Apocalipsis lleva puesta una túnica teñida en sangre. La primera vez que vino sostenía una vara de pastor, la próxima vez será un cetro de hierro. Noten que no tiene escudo, porque no lo necesita. En su primera venida llevaba una corona de espinas y en su regreso llevará en su cabeza muchas coronas de victoria. En su encarnación su nombre fue "Hijo del Hombre", y en su instalación su nombre estará tatuado en su muslo: "REY DE REYES Y SEÑOR DE SEÑORES". Su poder es sin igual. Satanás y todos sus secuaces en la tierra, los reyes y gobernadores del mal, se amilanan ante él. Uno espera al principio de este capítulo en tener un banquete con el novio, pero al final del capítulo tenemos un buffet para buitres. **"Los demás fueron exterminados por la espada que salía de la boca del que montaba a caballo, y todas las aves se hartaron de la carne de ellos"** (19:21). Es algo grotesco y maravilloso al mismo tiempo. Ese es el retrato número tres.

Son cosas entretenidas, pero ¿qué tiene que ver con hoy en día? Tal vez no se dieron cuenta, pero cada uno de estos retratos precede una de las luchas más grandes que la iglesia enfrenta. El Sumo Sacerdote del capítulo uno se coloca en frente de las siete iglesias de los capítulos dos y tres. Seamos honestos, ¿nunca te has frustrado con la iglesia? Claro que es la novia de Cristo, pero hay veces que parece que el Maestro debería divorciarse de ella. Admítelo, muchas veces la iglesia está llena de gente pequeña quejándose de cualquier tontería. Damos vueltas y vueltas en debates teológicos insignificantes. Llenamos las noticias con escándalos sexuales y abusos financieros. Hay veces que la iglesia da vergüenza. Decimos que queremos ser la iglesia del Nuevo Testamento. Felicitaciones, lo hemos logrado. Las descripciones en capítulos dos y tres son iguales a la iglesia de hoy y no es nada bonito. ¿No va a hacer algo Dios? Respuesta: ¡Sí! Hay veces que sentimos que Dios está de vacaciones, o tal vez no está prestando mucha atención a lo que está haciendo la iglesia.

Mira bien al Sumo Sacerdote del capítulo uno. Te darás cuenta que está parado entre siete candelabros. En 1:20 Juan nos da una interpretación de estos candelabros.

Dios responderá al pecado de su iglesia y eso debería cambiar la forma que vivimos nuestras vidas.

"Ésta es la explicación del misterio de las siete estrellas que viste en mi mano derecha, y de los siete candelabros de oro: las siete estrellas son los ángeles de las siete iglesias, y los siete candelabros son las siete iglesias". ¿Qué quiere decir? Jesús está parado entre estas iglesias que están tan descompuestas al igual que las iglesias a las cuales tú has ido. Tal vez no lo veas con tus ojos, pero si le permites a Juan, él te dará la visión para poder ver a Cristo hoy. Él está aquí. Él está ahora. Si piensas que está muy lejos, sin prestar mucha atención a lo que haces o cómo estás viviendo, estás seriamente equivocado. *Dios está aquí y él responderá al pecado de su iglesia y eso debería cambiar la forma que vivimos nuestras vidas.* Si piensas que Dios está de vacaciones, debes ver de nuevo al Sumo Sacerdote. Míralo de nuevo. Mira bien al Sumo Sacerdote de Dios.

Otra lucha que enfrentamos es el sufrimiento de la gente buena. En el capítulo seis de este libro, cuando Jesús abre el rollo, salen cuatro caballos. Uno es negro y los otros blanco, rojo y amarillento. Estos representan muerte y guerra, derramamiento de sangre y hambre. Hoy en día por todas partes hay hermanos y hermanas cristianos que sufren las angustias de la guerra. En el Medio oriente, Sudáfrica, la China y en Sudamérica nuestros hermanos cristianos están experimentando estos cuatro jinetes horrorosos de cerca.

Probablemente no sería adecuado comparar nuestro sufrimiento con el sufrimiento que están pasando varios cris-

15

Quien no ha preguntado: "¿Por qué les suceden cosas malas a la gente buena?"

tianos en varias partes del mundo. Especialmente cuando estamos aquí bien cómodos en nuestras casas. Aun así, quien no se ha preguntado: *"¿Por qué les suceden cosas malas a la gente buena?"* ¿Por qué mueren hombres jóvenes en la flor de sus vidas, dejando viudas de 30 años e hijos huérfanos? ¿Por qué mujeres de Dios pierden a sus niños aun antes de nacer? ¿Por qué hay ministros que pierden sus casas en desastres naturales? ¿Por qué hay niños con enfermedades? ¿Por qué hay mujeres golpeadas en nuestras propias comunidades? De seguro Dios puede hacer algo. ¡De seguro Dios debe hacer algo!

En los momentos cuando nos enojamos y le queremos gritar a Dios, debemos recordar que hay un cordero en el capítulo cinco. Tenemos que ver a este cordero. Una de las cosas de la cual nos damos cuenta, es que sus cicatrices son mucho más grandes que las nuestras. Cuando le apuntamos a Jesús y decimos, "¡Tú no entiendes, estoy sólo!" Él nos reclama, "¡Claro que te entiendo!" Cuando le decimos a Dios, "Pero mi amigo me abandonó", el Cordero responde, "¡Entiendo!" Cuando le decimos a Dios, "Me duele el cuerpo", él dice, "Entiendo". Eso no nos quita el dolor, pero por lo menos no tenemos que sufrirlo solos. Todos pasamos por sufrimientos en algún tiempo de nuestras vidas. El sufrimiento no es anormal ni insoportable. Lo que si es insoportable es sufrir solo. Hay buenas noticias en esta revelación: Los cristianos no tienen que sufrir solos. El Cordero de Dios se para a nuestro lado sangriento y comprensivo. Cuando nos da un ataque de llanto, él comparte nuestras lágrimas. Cuando suspiramos, su Espíritu intercede. Cuando estamos débiles y maltratados, su fuerza nos sostiene. Efectivamente es buena noticia que el cordero es un león victorioso.

Hay algo más acerca de este cordero. Tiene cicatrices por todas partes . . . y son todas mías. No sólo sus sufrimientos son más grandes que los míos, sino que su sufrimiento es también mío. Soy redimido por la sangre del Cordero. ¡Eso cambia todo! El murió en mi lugar para que yo viviera en su semejanza. Y como resultado, pueden destruir mi cuerpo, pueden quemar mis pertenencias, pueden blasfemar mi nombre, pero nunca podrán tocar mi alma. La sangre de Cristo asegura mi lugar con Dios. Su adquisición significa que soy posesión de un Dios santo. Ahora, eso no quiere decir que soy libre del dolor de las tribulaciones, pero sí asegura mi salvación y eso es algo extremadamente reconfortante. Todos los deseos, placeres y prioridades mundanos no se comparan con la salvación eterna. *Cuando piensas que Dios no entiende, mira de nuevo al Cordero.*

Una tercera lucha para el cristiano es un futuro inseguro. El capítulo más difícil de todo el libro es el capítulo 20. Ahí aparece el milenio, Satanás encadenado y un lago de fuego. ¿Cuándo? ¿Cómo? ¿Quién? ¡La mera verdad es que simplemente no sabemos! Mucha gente inteligente intenta adivinar educadamente, pero eso es lo mejor que podemos ofrecer. Al grano, no sabemos lo que contiene el futuro. Nos preocupamos sobre cómo va a ser el mundo cuando crezcan nuestros hijos. ¿A qué se tendrán que enfrentar ellos y cómo tendrán que vivir? Los prejuicios raciales están desenfrenados. Está creciendo la violencia y la pornografía muchas veces le acompaña. Sentimos el peso de la corrupción del gobierno y las pandillas en nuestras comunidades. ¿Cuándo se terminará todo esto? ¿No hay un lugar donde nos podemos bajar de un mundo alocado? ¿Qué haces cuando parece que Dios nunca le pondrá un alto a todo lo que está sucediendo?

Tienes que ver de nuevo el capítulo diecinueve. Allí encontramos un rey montado en su caballo, quizás en este mismo momento. Él viene otra vez. ¡Es una promesa! Él corregirá lo incorrecto. Por todo lo que Satanás ha hecho, tendrá que pagar en el infierno, no solo él y sus demonios, sino todos los que participaron con él. Los reyes de esta tierra, los gobernantes, los ricos y los poderosos, los corruptos y los despreciables — todos los

Cuando piensas que Dios no entiende, mira de nuevo al Cordero.

17

Para todos tus problemas mayores de la vida, este libro tiene la respuesta.

que llevan la marca de la bestia — serán lanzados al lago de fuego. No sé por qué Dios está esperando, yo quisiera que regresara hoy mismo. Pero así como ha cumplido con todas las promesas que ha hecho, ¡puedes estar seguro de que cumplirá esta! Sé que él volverá y con él la retribución. Aunque eso no me quita el dolor, sí lo hace un poco más aceptable por el momento. Cuando crees que Dios no está respondiendo, mira de nuevo el capítulo diecinueve. Mira de nuevo al Rey que viene.

Para todos tus problemas mayores de la vida, este libro tiene la respuesta. Mira al Sumo Sacerdote, al Cordero y a un Rey que viene pronto. Porque cuando mantenemos nuestros ojos fijos en Jesús, podemos ver con más claridad cómo vivir en medio de lo complejo que es la vida.

REFLEXIONES SOBRE
LA PRIMERA LECCIÓN

1. Apunta algunas cosas que revela Apocalipsis. Encierra en un círculo dos de ellas que personalmente buscarás en este estudio.

2. De estos retratos, ¿Qué te sorprende? ¿Qué te conforta? ¿Qué te incomoda?

3. Conversen de lo que sucedería si Jesús se les apareciera en medio de ustedes en este momento. ¿Cómo te cambiaría tu forma de vivir diaria? ¿Podría este texto funcionar de la misma manera para ti como si fuera una aparición física de Jesús?

4. ¿Cuáles cambios se llevarían acabo en tu iglesia si vieran a Jesús con su candelabro? ¿Cómo podrías tú, en una forma constructiva, hacer que Jesús sea mas visible en tu iglesia para promover estos cambios?

5. Comparte con tu grupo de estudio tus sufrimientos personales. Compartan cómo la visión del cordero inmolado, victorioso, conforta a los cristianos en tiempo de tribulaciones.

6. ¿Cómo cambiaría tu comportamiento hoy en día la visión del Rey venidero? Que cada quien comparta por lo menos una cosa práctica que cambiaría.

7. Como grupo memoricen en voz alta Hebreos 12:2

Fijemos la mirada en Jesús, el iniciador y perfeccionador de nuestra fe, quien por el gozo que le esperaba, soportó la cruz, menospreciando la vergüenza que ella significaba, y ahora está sentado a la derecha del trono de Dios.

2
DOS

El historial de Dios con las mujeres

Dios no tiene buen historial con las mujeres. No estoy hablando de sus seguidoras, sino de su novia. En el Antiguo Testamento estuvo comprometido con una prostituta. Por lo menos eso es lo que les dijo a los profetas (Jer. 2; Ezeq. 16, 23; Oseas 2). Acusó a Israel de adulterio por causa de su idolatría. Dolorosamente aclaró su punto cuando le pidió a Oseas que fuera al peor barrio de Jerusalén para conocer a una mujer. "Cásate con ella" le dijo. Muchos predicadores recordarían como un mal día, el momento en que Dios les pidió casarse con una prostituta.

Luego llegamos al Nuevo Testamento. Descubrimos que la novia de Cristo, en toda su gloria es . . . bueno, una adúltera. Eso es lo que dice Santiago en el capítulo cuatro versículo cuatro: **"¡Oh gente adúltera! ¿No saben que la amistad con el mundo es enemistad con Dios?"** El Señor parece tener dificultades con las mujeres. Entonces no es sorprendente que tenga

> **Cuando nadie más ve lo que él ve, cuando nadie más ama lo que él ama, él está trabajando en ti transformándote en una novia apta para un rey.**

mucho de qué hablar con su Novia en Apocalipsis (2-3).

Es medio peligroso hablar mal de la novia de otro hombre. Uno no debe entrar a una boda gritando, "Oye ¿Quién es la fea con el vestido blanco?" Eso sería un boleto gratis al hospital. Por lo tanto, ¿quién soy yo para decir algo sobre la Novia de Cristo que él no haya dicho? Sin embargo, ya dijo muchísimo en estos dos capítulos.

Has escuchado esta historia antes. Si has leído Shakespeare aquí reconocerás *La fierecilla domada*. ¡Que obra! Eso es Apocalipsis capítulos dos y tres. Para aquellos que no conocen esa obra, podríamos hablar de la película "Mi bella dama". Es el mismo argumento. U otra pelicula de Hollywood con argumento similar sería "Pretty Woman" (Mujer bonita). Todas tratan el mismo tema. Tienes a un tipo que es muy rico o muy inteligente. Este encuentra a una mujer que tiene defectos graves en su modo de ser, educación o profesión. Sin embargo llega el héroe y ve algo en ella que lo cautiva. Entonces la empieza a cortejar. La ama. Y su amor la convierte en una mujer apta para un rey.

Esa es la biografía de la iglesia. Dios te adora. *Cuando nadie más ve lo que él ve, cuando nadie más ama lo que él ama, él está trabajando en ti transformándote en una novia apta para un rey.* Cierto, por el momento su novia necesita cirugía estética — una transformación. Eso es precisamente de lo que tratan estos dos capítulos.

Tenemos aquí siete cartas. En realidad es una sola carta — una carta modelo. Se reproduce siete veces con algunos cambios pequeños para que sea apropiada particularmente a cada congregación. Esta carta modelo tiene tres partes. La primera parte es la característica de Cristo que es tomada de la visión del gran Sumo Sacerdote del capítulo uno. Cada carta enfatiza uno de los aspectos de Cristo para decir que, "el que ahora mismo te castiga, tiene toda la autoridad para hacerlo". No es un paisano ignorante; él es el Señor Viviente, el Gran Sumo Sacerdote. La segunda parte es una evaluación de la iglesia. Estas descripciones son sorprendentemente contemporáneas. Es mejor que prestemos atención al leer el correo ajeno – que no es tan ajeno.

La tercera parte de esta carta modelo simplemente dice, "Si no te haces la cirugía estética – una transformación – no vas a salir bien". Cada una de estas iglesias está a punto de enfrentarse con el dragón, la bestia y la ramera. Si no son puras, no lo van a lograr. No entrarás al reino del cielo con todas las manchas encontradas en la iglesia del presente. Así es que nos dice, "Arréglate, o no entrarás".

Puedes comparar estas siete iglesias con un equivalente contemporáneo, probablemente en tu propia comunidad. En otras palabras, las dificultades con las que lucharon en el primer siglo, también lucharon con ellas las iglesias del quinto siglo, durante la Segunda Guerra Mundial y también hoy en día. Estos son los mismos problemas que aun asaltan a la gente de Dios. Básicamente hay cuatro problemas expuestos en estas siete iglesias. Veámoslos uno por uno.

Amor perdido

El primer problema que vemos viene de Éfeso. Capítulo 2:1 nos dice: **"Escribe al ángel de la iglesia de Éfeso . . ."** ¡Momento! Tenemos que entender que la iglesia de Éfeso era una congregación fabulosa. En ese tiempo tenía unos cuarenta años. Tenían una lista larga de predicadores famosos incluyendo al apóstol Pablo, Apolos, Timoteo, Tíquico, el apóstol Juan, Priscila y Aquila. Y de acuerdo a una tradición, hasta María la madre de Jesús, vivía allí. Fue una gran congregación, la envidia de otros predicadores.

Jesús dice, **"Esto dice el que tiene las siete estrellas**

Esto es lo que les dice Jesús, "Conozco tus hechos, tu esfuerzo en tu trabajo y tu perseverancia". ¿Podría estar hablando de tu iglesia?

en su mano derecha y se pasea en medio de los siete candelabros de oro". ¡Que recordatorio! Aun cuando estamos en desorden, él sigue presente como el Sumo Sacerdote. Más nos vale prestar atención.

"Conozco tus hechos". Normalmente cuando un hijo escucha a su padre decir, "conozco tus hechos" no es una frase de alegría, pero para un buen hijo, esta frase es dulce a sus oídos. La iglesia de Éfeso es como una buena hija. Ellos saben que están a punto de recibir halagos. *Esto es lo que les dice Jesús, "Conozco tus hechos, tu esfuerzo en tu trabajo y tu perseverancia". ¿Podría estar hablando de tu iglesia?* Trabajamos duro; perseveramos, le echamos ganas. Unos hasta pueden relacionarse con lo que dice Jesús, **"Sé que no puedes soportar a los malvados, y que has puesto a prueba a los que dicen ser apóstoles pero no lo son; y has descubierto que son falsos. Has perseverado y sufrido por mi nombre, sin desanimarte".** Compañeros, fíjense bien. Para muchos ésta es su iglesia — buenas obras; buena gente.

¡Pero ten cuidado! Lo que sigue dolerá — **"Sin embargo, tengo en tu contra que has abandonado tu primer amor. ¡Recuerda de dónde has caído! Arrepiéntete y vuelve a practicar las obras que hacías al principio".** Nuestras iglesias se han llenado de Martas que se mantienen ocupadas de poner una mesa atractiva y de la limpieza de los útiles para servir la Cena del Señor, pero han perdido su amor por Cristo. Tal vez hasta seas tú. Estás en la iglesia varios días a la semana, pero los pasillos de tu corazón están vacíos. ¿Estás cansado de que tus oraciones sólo rebotan del techo? ¿Puedes recordar de cuando ansiabas la palabra de Dios, o cuando llevabas la Biblia contigo al trabajo porque tenías que gustar del pan de vida en tus descansos? ¿Recuer-

24

Las siete iglesias de Apocalipsis 2 y 3

IGLESIAS	RETRATOS DE JESÚS	ELOGIOS	REPROCHES	CASTIGO	PROMESAS
Éfeso	Sostiene 7 estrellas, camina entre 7 candelabros	Trabajo duro, perseverancia, identifican y no toleran falsos maestros y hombres malvados	Negado su primer amor – recuerden y arrepiéntanse	Remover lámpara que está en el paraíso de Dios	Comer del árbol de la vida
Esmirna	Primero y último, muerto y resucitado	Aflicción y pobreza, calumnia y entonces fidelidad			Corona de vida y no lastimado por la segunda muerte
Pérgamo	Tiene una espada de doble filo	Permanecieron fieles durante el reinado de Satanás	Enseñanzas de Balaam y nicolaítas; sexualmente inmoral y comen comida sacrificada a ídolos – Arrepiéntanse	Vendrá y peleará con la espada de su boca	Maná escondido, piedra blanca
Tiatira	Hijo de Dios, ojos de fuego, pies de bronce	Hechos, amor, fidelidad, servicio, perseverancia, crecimiento	Toleraron a Jezabel, sexualmente inmorales, comen comida sacrificada a ídolos – arrepiéntanse	Cama de sufrimiento, niños muertos de acuerdo a sus hechos	Autoridad sobre las naciones
Sardis	Sostiene a 7 espíritus y estrellas	Algunos no han sido manchados	Hechos incompletos y muertos – despierten, recuerden y arrepiéntanse	Viene como un ladrón	Camina con Cristo, vestido en blanco, nombre en el libro de la vida (reconocidos por Dios)
Filadelfia	Santo y verdadero, llave de David, lo que él abre nadie cerrará	Cumplieron la palabra y no negaron a Cristo			Harán que los judíos falsos los reconozcan, mantenerlos fuera de prueba, hacerlos un pilar, tendrán un nuevo nombre.
Laodicea	Amén, fiel, verdadero, gobernador de la creación de Dios		Tibios y pobres – compren oro, ropa blanca y bálsamo – arrepiéntanse	Los vomitrará	Mesa de compañerismo con Jesús; reinarán con Jesús en un trono

¿Recuerdas las largas caminatas y conversaciones con Jesús? ¿Dónde se fue todo eso?

das cuando tenías una lista de todos que necesitaban a Cristo y tú buscabas oportunidad de hablar con ellos? *¿Recuerdas las largas caminatas y conversaciones con Jesús? ¿Dónde se fue todo eso?*

De vez en cuando un matrimonio se atora y su comunicación ya no es muy buena. Y parece que ya nada es fácil. Hay una distancia incómoda y tensa. Así es nuestra relación con Cristo. Él es nuestro prometido. Entonces podemos esperar que los mismos tipos de problemas que hay en un matrimonio, los haya también entre los cristianos y su prometido. Esto es precisamente el caso.

Entonces ¿qué consejo le damos a las parejas que perciben esta distancia? Las parejas se desenamoran porque dejaron de hacer las cosas que causaron que se enamoraran. Es muy simple. ¿Cuánto tiempo le dabas a tu pareja cuando salían juntos? El promedio de minutos de las parejas que pasan los dos juntos (sólos) son unas quince horas a la semana. Un universitario al escuchar esto, dice, "Sí, más o menos es así". Una pareja casada cuando escucha esto dice, "¿Qué?" Qué fácilmente se nos olvida. Sin embargo, si empezaras a pasar el mismo tiempo con tu esposo o esposa ahora, como antes de casarte, serían igual de románticos como antes. Si tomaran el mismo tiempo en charlar como antes lo hacían, tendrían la misma chispa que tenían antes. No es un gran misterio. Obviamente éste no es un manual de matrimonios, pero como nuestra relación con Cristo es comparada con el matrimonio, esta ilustración simplemente es una forma de ver qué se necesita para reavivar nuestro amor con Cristo.

¿Qué hacías cuando eras creyente nuevo? Házlo de nuevo.

El consejo aquí en el capítulo dos es sencillo. **"¡Recuerda de dónde has caído! Arrepiéntete y vuelve a practicar las obras que hacías al principio".** *¿Qué hacías cuando eras creyente nuevo? Házlo de*

26

nuevo. Recoge tu Biblia y ponte a leerla. Haz tiempo para orar en privado. Séle fiel a la iglesia cuando se reúne. Involúcrate en un ministerio de compasión. Díles a tus amigos y familia de tu fe. Nada de esto es difícil. Todo es esencial. Por favor, no trivialices la pérdida de nuestra pasión para Cristo. La iglesia está a punto de encontrarse con el dragón, la bestia y la ramera. Sin un amor ferviente por Jesús, no hay esperanza en sobrevivir.

> **La herejía de Balaam y Jezabel es la adoración propia — ponte a ti mismo en el trono de tu vida.**

Enseñanzas falsas e inmoralidad sexual

El segundo problema que enfrentamos se personifica en la iglesia en Pérgamo y también en la de Tiatira. Las dos tuvieron el mismo problema y su problema tenía dos púas. La primera púa del problema eran los maestros falsos.

En Pérgamo toleraban las enseñanzas de Balaam y en Tiatira toleraban las enseñanzas de Jezabel. Ambos, Balaam y Jezabel, enseñan lo mismo. Va así: "Si te agrada, házlo". "Es caro, pero, cariño, tú lo vales". "Sé fiel a ti mismo". "Haz lo tuyo". Eso suena un poco familiar, ¿no? *La herejía de Balaam y Jezabel es la adoración propia – ponte a ti mismo en el trono de tu vida.* De forma previsible esta teología lleva a la inmoralidad sexual. Esa es la segunda púa.

Satanás está atacando a la iglesia donde más duele y está ganando. ¿Cuántos diáconos más perderán la batalla contra la adicción sexual? ¿Cuántos ancianos más caerán en una aventura amorosa? ¿Cuántos predicadores más separarán a familias e iglesias? ¿Cuántos noticieros más se gloriarán en la vergüenza de la iglesia?

Jesús dice en el versículo 13, **"Sé dónde vives: allí donde Satanás tiene su trono"**. Estamos viviendo en una sociedad corrupta igual a la de Pérgamo, donde las carteleras y los medios de comunicación nos están seduciendo diariamente a esta filosofía herética e impía de dejarse llevar y enviciarse en la sensualidad. Es obvio por qué hacemos esto. Está por todos lados; es territorio de Satanás. Como en Las Vegas o San Francisco, nadie en Pérgamo ni Tiatira pensaba que fuera extraño vivir *en* y *por* la carne. Sin embargo, nuestras obras de oscuridad no están ocultas de Dios. Él se da cuenta. Es más, él nos hará responsables por la manera en que vivimos. Si estás involucrado en la fornicación, Cristo lo ve y le importa. Si estás involucrado en adulterio o pornografía, Cristo lo ve y le importa. Si estás dejando que tu conversación casual cruce los límites de confianza, o dejando que tu toqueteo casual lentamente deje de ser inocente, Cristo lo ve y le importa. Más que eso, se enoja y es perfectamente capaz de hacer algo por ello. Puede ser que todavía no hayas cruzado ese límite, pero igual de rápido estás corriendo para llegar allí y estar lo más cerca posible sin caerte por la barranca. Ten cuidado. Sé sabio. Ten temor.

Si tienes oídos para oír, escucha lo que dice Jesús sobre esta Jezabel: versículo 22, **"Por eso la voy a postrar en un lecho de dolor, y a los que cometen adulterio con ella los haré sufrir terriblemente, a menos que se arrepientan de lo que aprendieron de ella"**. Más te vale que te salgas de su cama o te tocará lo mismo que a ella.

Jesús nos da esta amenaza, pero también nos da esta promesa en el versículo 17, **"El que tenga oídos, que oiga lo que el Espíritu dice a las iglesias. Al que salga vencedor le daré del maná escondido, y le daré también una piedrecita blanca en la que está escrito un nombre nuevo que sólo conoce el que lo recibe"**. A veces como cristianos sentimos que nos estamos perdiendo algo de la gratificación sensual de nuestra sociedad. La verdad es que no nos estamos perdiendo mucho. Nuestro prometido nos adora. Él desea lo mejor para nosotros. Así que si Jesús nos está llamando a la negación de un placer sensual, sólo es porque él tiene algo mejor en espera.

Nos da una pista de ello en el versículo 17 cuando dice,

"**Le daré del maná escondido**". Hay un sentido de sustento y ánimo más allá de lo que podemos imaginar. Sé paciente, Jesús proveerá todo lo que necesitamos. Hazlo a él tu único amante y él hará que valga la pena.

Muerto, muerto, muerto

El tercer problema que la iglesia enfrenta es en Sardis, capítulo 3. "**Escribe al ángel de la iglesia de Sardis: Esto dice el que tiene los siete espíritus de Dios y las siete estrellas: Conozco tus obras; tienes fama de estar vivo, pero en realidad estás muerto. ¡Despierta! Reaviva lo que aún es rescatable . . .**" ¿Habrás participado alguna vez en una reunión de iglesia donde la tradición de siempre es sofocante? ¿No quisiste orar, "Señor, haz que nos conectemos contigo y no solamente con nuestra tradición"? En el nombre de *tradición* sofocamos la alabanza, el compañerismo y el servicio. Sabes que no debemos hacer nada que moleste a nuestro vecino. ¡Que farsa!

¿Cómo puede ser que una iglesia pueda tener la reputación de ser aburrida? Si verdaderamente comprendiéramos el mensaje de Cristo, si le pusiéramos atención por lo menos a la mitad de la letra de las canciones que cantamos, nos veríamos como una clase especial para niños con mucha energía o un estadio de aficionados al deporte. Nuestras iglesias deben caracterizarse por corazones llenos de vida por el Cristo resucitado y NO por ceremonias aburridoras.

¡Sin embargo, venimos a la iglesia y cantamos acerca de ser los más bendecidos, pero con actitud que todo es una rutina. ¿Cómo vamos a estar aburridos cuando alabamos al Señor? Cierto, no todos demuestran su emoción de la misma manera. No estoy sugiriendo un "pep rally", un tipo de

Si de verdad vemos a este majestuoso Sumo Sacerdote, será muy difícil quedarnos sentados e imposible quedarnos callados.

asamblea para animar al equipo de uno, después de la Cena del Señor. Pero sí estoy sugiriendo que *si de verdad vemos a este majestuoso Sumo Sacerdote, será muy difícil quedarnos sentados e imposible quedarnos callados.* ¿Cómo podríamos no emocionarnos al ver a nuestro Gran Sumo Sacerdote, al Cordero que fue imolado, al Rey Venidero y Guerrero Dios? Viene mi prometido por mí y eso es algo por lo cual vale la pena emocionarse. Se entiende que una iglesia que está muerta, sólo está muerta porque tiene los ojos cerrados. Realmente no puedes ver a Jesús y permanecer pasivamente en su rutina, preocupado de dar una imagen de espiritualidad.

Materialismo

Hay un cuarto problema que enfrenta la iglesia. En 3:14-17 leemos:

> **Escribe al ángel de la iglesia de Laodicea: Esto dice el Amén, el testigo fiel y veraz, el soberano de la creación de Dios: Conozco tus obras; sé que no eres ni frío ni caliente. ¡Ojalá fueras lo uno o lo otro! Por tanto, como no eres ni frío ni caliente, sino tibio, estoy por vomitarte de mi boca. Dices: 'Soy rico; me he enriquecido y no me hace falta nada'; pero no te das cuenta de que el infeliz y miserable, el pobre, ciego y desnudo eres tú".**

Bueno, tenían un poquito dinero demás. No es gran cosa ¿verdad? Tal vez te diste cuenta que Laodicea es la única iglesia de la cual Jesús no tuvo nada bueno que decir. El peligro es que muchas de las iglesias hoy en día se parecen más a la iglesia de Laodicea que a cualquiera de las otras seis. Nadie piensa que tiene demasiado dinero. El Apóstol Pable dijo: **"el amor al dinero es la raíz de toda clase de males"** (1 Timoteo 6:10a).

Claro, no es pecado tener dinero. Es pecado amar al dinero. Es pecado confiar en el dinero. El problema de confiar en el dinero es que es muy engañoso. Estás tan cómodo todo el tiempo que lo estás haciendo, que no te das cuenta de qué tan lejos estás de Dios.

Si no me crees, sólo contesta estas tres preguntas: (1) ¿Puedes orar con sinceridad la oración que el Señor enseñó, "Padre nuestro . . ."? A sí claro, casi todos podemos. Pero nos atoramos cuando llegamos a la parte donde dice, "Danos hoy nuestro pan cotidiano". ¿Cómo podemos hacer esa petición honestamente con la comida que hay en casa y el dinero en el bolsillo para comprar mañana? ¿De verdad necesitas la provisión del pan cotidiano de Dios *hoy*? (2) ¿Si de pronto el Espíritu Santo dejara de existir en este momento, cuánto tiempo te llevaría para darte cuenta? ¿Realmente en qué cuentas con él? (3) *¿Si Dios se saliera de tu iglesia y decidiera nunca regresar, cuántos de tus programas continuarían sin interrupción?* ¿Seguirá igual la reunión dominical? ¿Sufriría el programa de jóvenes?

¿Ves? El dinero nos hace sentir que no necesitamos a Dios. Nos hace pensar en nuestros propios recursos y habilidades sin darnos cuenta qué inadecuados somos para proveer nuestras propias necesidades. ¿Realmente qué puede hacer el dinero? Pregúntale a un padre que pierde a su hijo en un accidente automovilístico, qué puede hacer el dinero. Pregúntale a una mujer que ha sido abandonada por su esposo, qué puede hacer el dinero. Pregúntale a un médico que se acaba de diagnosticarse con cáncer, qué puede hacer el dinero. ¿Puede hacer que regrese un ser amado? ¿Puede comprar salud o paz? ¿Nos puede asegurar que nuestros hijos crecerán piadosos y buenos elementos en la sociedad? Necesitamos a Dios desesperadamente. El dinero ciega a nuestras mentes en pensar que somos auto-suficientes. Sin embargo de vez en cuando la vida se desploma

¿Si Dios se saliera de tu iglesia y decidiera nunca regresar, cuántos de tus programas continuarían sin interrupción?

31

por dentro y no hay nada que podemos hacer porque hemos confiado en la cosa incorrecta. Hemos servido al amo equivocado con nuestro tiempo y atención.

Jesús está a la puerta y llama (3:20): **"Mira que estoy a la puerta y llamo. Si alguno oye mi voz y abre la puerta, entraré, y cenaré con él, y él conmigo"**. Entonces él esta allí afuera y llamando, preguntándose si hay alguien adentro que lo escucha. Él llama, preguntándose si hay alguien adentro que le ve. El Gran Sumo Sacerdote está afuera de tu puerta. ¿Lo ves? ¿Lo necesitas? Abre la puerta y recíbelo. Oh, iglesia de Dios. Oh, novia de Cristo, sé hermosa para tu prometido.

REFLEXIONES SOBRE LA SEGUNDA LECCIÓN

1. Como grupo, examinen el diagrama de las siete iglesias. ¿Cuál de estas siete iglesias se parece más a la tuya?

2. Piensa en tres pautas prácticas para simplificar tu vida para que puedas reavivar tu primer amor.

3. En este momento toma tiempo para orar por cada persona en tu grupo, para que se mantengan sexualmente puros. Ora por cada matrimonio y cada persona soltera. Ora por tus predicadores, ancianos y otros líderes de tu iglesia. Si personalmente estás luchando en esta área, haz una promesa a Dios que confesarás tu peligro a un líder espiritual en las siguientes 48 horas.

4. ¿Es aburrida tu iglesia? ¿Por qué? ¿Qué puedes hacer para cambiarla sin dividirla? No preguntemos "¿Cómo podemos darle más ritmo a la alabanza?" sino, "¿Cómo podemos ayudar a la gente a ver al Gran Sumo Sacerdote?"

5. ¿Cómo contestaste las tres preguntas en la página 30?

6. Piensen juntos como grupo y hagan una lista de diez cosas que podrían hacer las familias en su iglesia que las ayudarían a confiar en Dios respecto al dinero.

3
TRES

Un guía para la adoración

E ntonces, ¿cómo puede uno esquivar a un dragón? ¿Qué debemos hacer cuando estamos a punto de enfrentarnos con la trinidad malvada del dragón, la bestia y la ramera? Paso 1 es ver a Jesús claramente (cápitulo 1). Paso 2 es arrepentirnos de nuestros pecados, y darle a la novia una cirugía estética — una transformación (cápitulos 2 y 3). Paso 3 aquí en Apocalipsis 4 y 5, es adorar a Dios. *La adoración no sólo emociona al corazón de Dios. También transforma la mente de los seres humanos.* Lo necesitamos, no sólo para entretenernos en nuestro tiempo devocional, sino para nuestra sobrevivencia espiritual. Por medio de nuestra adoración reconocemos que Dios está en el trono. Por medio de la adoración podemos entender que él y solamente él nos puede salvar de nuestra tribulación, y de hecho, no es tan complicado para él poder hacerlo. Nuestra tribulación, desde nuestra perspectiva, lo abarca todo, pero es algo minúsculo en el gran plan de Dios. La adoración abre

La adoración no sólo emociona el corazón de Dios. También transforma la mente de los hombres.

nuestros ojos a la inmensidad de Dios. Cuando nos arrodillamos ante él podemos ver claramente la habilidad de Dios para sustentarnos.

Tal vez recuerdas la historia de Ezequías en Isaías 36. El malvado Senaquerib estaba amenazando con destruir a Jerusalén. De hecho, mandó a Ezequías una carta que decía:

-Díganle a Ezequías que así dice el gran rey, el rey de Asiria: "¿En qué se basa tu confianza? Tú dices que tienes estrategia y fuerza militar, pero éstas no son más que palabras sin fundamento. ¿En quién confías, que te rebelas contra mí? Mira, tú confías en Egipto, ¡ese bastón de caña astillada, que traspasa la mano y hiere al que se apoya en él! Porque eso es el faraón, el rey de Egipto, para todos los que en él confían. Y si tú me dices: 'Nosotros confiamos en el SEÑOR, nuestro Dios' . . . ¡Si fue él mismo quien me ordenó: "Marcha contra este país y destrúyelo"! (Isaías 36:4-7,10)

Esta carta fue intimidante. ¡Fue devastadora! El reino de Ezequías está al borde del desastre. El pueblo de Dios está a punto de la extinción. ¿Entonces qué es lo que hace Ezequías? Lleva la carta al templo del Señor y la abre como si estuviera invitando a Dios a leerla. Y ora,

«SEÑOR Todopoderoso, Dios de Israel, entronizado sobre los querubines: sólo tú eres el Dios de todos los reinos de la tierra. Tú has hecho los cielos y la tierra. Presta atención, SEÑOR, y escucha; abre tus ojos, SEÑOR, y mira; escucha todas las palabras que Senaquerib ha mandado a decir para insultar al Dios viviente. . . . Ahora, pues, SEÑOR y Dios nuestro, sálvanos de su mano, para que todos los reinos de la tierra sepan que sólo tú, SEÑOR, eres Dios.» (Isaías 37:16-20)

Ezequías está en problemas. Sin embargo, en lugar de acobardarse en un lugar secreto para orar, adora a Dios en el templo. Tendemos a pensar que los tiempos de angustia son tiempos para actuar, no tiempos de adorar. Pero nuestras horas más desesperadas son precisamente cuando debemos adorar más. También fue cuando Ezequías expuso su problema a Dios en su trono, que pudo obtener una perspectiva apropiada de su crisis personal. Además, las batallas que enfrentamos son juegos de niños para un Dios que creó los cielos y la tierra. Cuando pedimos protección personal por medio de la adoración es con el propósito de que la gloria de Dios se extienda, no para nuestra propia comodidad. Del salón del trono podemos ver las cosas de otra perspectiva. Tendemos a ser más chicos de lo que estimamos y Dios tiende a ser mucho más grande.

Volvamos a Apocalipsis 4. Al abrir el capítulo, alguien dejó abierta la puerta al cielo. Juan siente que no pertenece allí. Aun así, es invitado a subir, y entra. ¡Y las cosas que vio! Había un trono con alguien sentado en él. Su ocupante era demasiado obvio para identificar. Entonces Juan sólo lo describe como jaspe, cornalina y un arco iris. Jaspe es una piedra preciosa que es parecida a la esmeralda. Cornalina es otra joya y se parece a un rubí. Un arco iris, bueno, estoy seguro que has visto uno. Sin embargo, este arco iris es diferente. En lugar de tener colores rojos y azules, éste era primordialmente verde.

Esta es una descripción muy extraña de Dios. ¿Qué quiere decir? Para poder ver este retrato claramente, tenemos que retroceder y respirar profundamente en lugar de acercarnos y entrecerrar los ojos. En otras palabras tenemos que ver el cuadro completo en lugar de contar las pinceladas. Lo más probable es que no hay mucho significado en cada piedra, pero si un mensaje poderoso en el retrato completo. ¿Entonces qué es lo que vemos cuando retrocedemos? Primero, notamos que cada piedra es de mucho valor. Al valor de Dios decimos, "Guau". Segundo, notamos que cada descripción es bella. A la hermosura de Dios decimos, "Ooohhh". Tercero, vemos que estos artículos son translúcidos, como si nada estuviera escondido en el salón del trono. A esta transparencia de Dios decimos, "Ay". *Dios es el "Guau, Ooohhh, Ay" del cielo. Ver realmente una visión de Dios es un evento impresionante.*

Justamente cuando Juan está recuperando su aliento, ve que Dios no está solo. Está rodeado por veinticuatro ancianos. Estos son los gobernadores del pueblo de Dios. Si estos son los doce patriarcas con los doce apóstoles, o si son otros ancianos reconocidos, no hay mucha diferencia. Estos son los tipos con autoridad, poder y dignidad. Rodean a Dios en el salón del trono, vestidos de blanco, decorados con coronas de oro. Están acompañados por un conjunto musical de la naturaleza y fuegos artificiales (4:5). Dios derrama poder que tiembla con terremotos y tormentas de truenos. Sería magnífico si no fuera tan abrumador. A un costado de los veinticuatro ancianos están los siete espíritus de Dios, probablemente una descripción críptica del Espíritu Santo (1:4; 5:6). Juan está distanciado de toda la acción por un mar de cristal. Sospecho que esa fue la parte que confortó a Juan durante su visión.

Todavía no terminamos. También había unas criaturas muy raras. Cuatro de ellas, o por los menos sus primos, aparecieron anteriormente en Isaías 6. Estos mutantes tienen ojos por todas partes de sus cuerpos y tres pares de alas. A su vez, tenían una cabeza de león, de toro, de hombre y de águila. Francamente, esto es un poco estrafalario. ¿Cuál es el punto? Muy simple, el punto no es a lo que se parecen, sino lo que hacen. Estas criaturas que abarcan toda la gama del reino salvaje claman a todo pulmón: **"Santo, santo, santo es el Señor Dios Todopoderoso, él que era y que es y que ha de venir".** Su labor es adorar a Dios sin parar.

Los ancianos tomaron esto como una señal de las criaturas. Cuando las criaturas clamaban, los ancianos se postraban ante él. Se quitaban las coronas y decían, **"Digno eres, Señor y Dios nuestro, de recibir la gloria, la honra y el poder, porque tú creaste todas las cosas; por tu voluntad existen y fueron creadas".** En el cielo, aun nuestras coronas, el símbolo de victoria, autoridad y cumplimiento, sólo tienen algún grado de valor si traen honor a Dios. *Todos nuestros logros y prestigios son para la gran gloria de Dios.*

Cuando el Cordero se aparece en el capítulo 5 es una función repetida. Las cuatro criaturas vivientes y los veinticuatro ancianos cantan una canción nueva:

> **Digno eres de recibir el rollo escrito y de romper sus sellos, porque fuiste sacrificado, y con tu sangre compraste para Dios gente de toda raza, lengua, pueblo y nación. De ellos hiciste un reino; los hiciste sacerdotes al servicio de nuestro Dios, y reinarán sobre la tierra. (5:9-10).**

Y se unen muchísimos ángeles. Hay tantos que se tienen que contar en grupos de diez mil. Levantan el techo del cielo al cantar: **"¡Digno es el Cordero, que ha sido sacrificado, de recibir el poder, la riqueza y la sabiduría, la fortaleza y la honra, la gloria y la alabanza!"** Esta reacción provoca que toda la creación, cada ser viviente en el cielo, en la tierra y debajo de la tierra, hasta los seres en el mar, cantan: **"¡Al que está sentado en el trono y al Cordero, sean la alabanza y la honra, la gloria y el poder, por los siglos de los siglos!"** Las cuatro criaturas acentúan su adoración al terminar con un "Amén" y los ancianos se postran ante el trono.

Acabamos de dar una excursión repentina de la creación. Hemos visto representantes de cada esquina de la galaxia. Ha habido líderes del pueblo de Dios, entidades espirituales del cielo, ángeles, criaturas de la tierra y del mar. ¿Qué están haciendo? No te pierdas

Todos nuestros logros y prestigios son para la gran gloria de Dios.

Todos los seres creados, cuando ven a Dios como él es, lo adoran con todo lo que son.

este maravilloso mensaje: *Todos los seres creados, cuando ven a Dios como él es, lo adoran con todo lo que son.*

Aplicación

La naturaleza de la Adoración. Hoy en día hay dos grandes parodias acerca de la adoración en nuestras iglesias. Primero, hemos igualado la adoración con la música. La música es una herramienta maravillosa para la adoración. Sin embargo, no es la única herramienta. Cuando la música se hace equivalente a la adoración, suceden dos cosas malas. Primero, despreciamos otras herramientas que nos ayudan a adorar a Dios. Por ejemplo, posturas corporales, silencio, meditación, lectura bíblica, teatro, arquitectura, ayuno, oración, anotación en un diario personal, etc. Todas estas cosas pueden hacer algo en nosotros que la música ni puede alcanzar. Segundo, y más peligroso es igualar la adoración con una acción en lugar de una conciencia. La adoración del Antiguo Testamento básicamente consistía de lo que se hacía en el templo. Había sacrificios, oraciones, lavamientos, incienso, etc. Con tal que hicieras las cosas adecuadas, habías adorado. La palabra griega que describe ese tipo de adoración es *latreuo*, también traducido servicio. Este tipo de adoración describe lo que hacemos en la presencia de Dios.

Sin embargo, el Nuevo Testamento nos llama a otro tipo de adoración. Jesús lo dijo así, **"Dios es espíritu, y quienes lo adoran deben hacerlo en espíritu y en verdad"** (Juan 4:24). Este tipo de adoración se denomina *proskyneo*. Originalmente la palabra quería decir "besar hacia". Es una ilustración de una multitud soplándole besos a un rey o de rodillas ante él besándole su anillo. Para la época en que se escribieron los libros del Nuevo Testamento, la palabra llegó a significar, "inclinarse en reverencia ante" o "demostrar homenaje". La esencia de la adoración viene siendo la demostración de reverencia hacia Dios. No se trata de lo que nosotros hacemos, sino de lo que estamos conscientes. Sabes qué has adorado cuando reconoces quién es Dios y de repente te das cuenta que estás en su presencia. ¿Entonces cómo sabes que has adorado? Esa es la segunda gran parodia en nuestra adoración contemporánea evangélica.

Para muchas de nuestras iglesias acribilladas con una mentalidad de entretenimiento, la medida de adoración depende de cómo me siento cuando salgo de las puertas de la iglesia. ¿Me alimentaron? (Traducido: ¿Me siento bien?) Para otras iglesias la adoración se mide de la misma manera que los ejercicios aeróbicos. Queriendo decir, cuánto movimiento hay y si se siente el pulso de los tambores. No mal entiendan, el estilo de adoración no es el punto. Eso está abierto a una gran diversidad y preferencia personal. *Pero, la dirección de la adoración no es opcional.* Cuando nos enfocamos hacia dentro es imposible por definición, adorar. La adoración siempre es hacia arriba. *Siempre tiene como su objetivo y enfoque a la persona de Dios.* Nota en esta parte del Apocalipsis 4, Dios es el centro de atención en el salón del trono y en el capítulo 5, Jesús lo acompaña en el primer plano. Todas las otras entidades fijan su vista al dúo dinámico y les prestan toda la atención. Es por eso que es justo decir que no has adorado a Dios hasta que hayas logrado tener una visión clara de Dios. Entonces preguntamos de nuevo, ¿Cómo sabe uno cuando él o ella ha adorado? Es muy simple: ¿Viste a Dios? ¿Estuviste consciente de quién es y lo que ha hecho? Si es así, lo más probable es que sentiste más temor que consuelo, más ardor que calidez.

Nadie que ha estado en la presencia de Dios menciona casualmente, "¡Que bendición!" Cada uno de los siguientes: Daniel, Isaías, Ezequiel y Juan, cuando vieron a Dios, cayeron como si estuvieron muertos. ¿Por qué? Porque Dios es impresionante, en todo el significado de la palabra. Y no hay mucha

La dirección de la adoración no es opcional. Siempre tiene como su objetivo y enfoque a la persona de Dios.

Cuando de repente nos damos cuenta que estamos en la presencia de la omnipotencia, empezamos a sentirnos chiquitos, impuros e indignos. diferencia entre ser *impresionante* y *terrible*. Aunque no tememos la condenación, sí estamos aterrorizados de la persona de Dios. No es que tengamos miedo de que nos vaya a golpear, sino que él es tan tremendo que nos impacta. Es más o menos como los truenos en una tormenta. Saltamos con cada trueno, no porque tememos que nos vaya a dar, sino porque es tan impactante. Igual es con Dios. *Cuando de repente nos damos cuenta que estamos en la presencia de la omnipotencia, empezamos a sentirnos chiquitos, impuros e indignos.* Estas emociones son casi la forma más adecuada para medir la adoración que puedas encontrar.

El objeto de la adoración. En el capítulo cinco Jesús se une con el Padre en el centro del trono. Están parados lado a lado como iguales. Dos veces en Apocalipsis Juan trata de adorar a un ángel y las dos veces es amonestado. Pero Jesús deja que todo el cielo y la tierra lo exalten como el Dios eterno sin ninguna objeción.

Ciertamente, Jesús se vistió de carne por unos treinta y tres años. Durante nuestro contacto más cercano, Jesús se parecía mucho a nosotros. Sin embargo, no debes dejar que este disfraz te engañe. Antes de su encarnación, él era la Palabra Eterna de Dios. Desde entonces él es el Señor León/Cordero. El cielo adora a Jesús al igual como adora al Padre. Jesucristo es Dios, un objeto (Objeto Divino) digno de nuestra adoración.

El propósito de nuestra adoración. La adoración nos hace más bien de lo que podemos contar. Aun así sobresalen dos puntos en este texto. Primero, notamos las coronas de los ancianos (4:10). Éstas representan victoria y recompensa. Son testimonios a posiciones de autoridad y una vida correcta. Pero cuando Dios es adorado, las coronas se quitan y se colocan ante el trono porque sólo él es digno de reconocimiento.

Entonces, uno de los propósitos de la adoración para

nosotros es poner al reconocimiento en su lugar adecuado. Si es que recibimos una corona en el cielo, sólo servirá como un objeto de adoración a Dios. Todos mis logros se guardan para un gran momento cuando los pueda poner enfrente del trono. Ésta es mi confesión: Deseo tener una corona enorme. Multiplico mis esfuerzos para lograrlo, pero no para mi propio engrandecimiento. Es el deseo de mi corazón llegar al cielo, postrarme ante Dios y entregarle una corona bien grande para que todo el cielo se ponga de pie y diga, "Ahora sí, esa es una ofrenda digna para el Rey". Una vida vivida correctamente es probablemente la mejor forma de la adoración a Dios.

Si podemos poner a Dios en el trono de nuestra adoración, sin duda el segundo propósito de la adoración será cumplido. Es decir, que seremos consolados en tiempos de aflicción. Como Ezequías, cuando comprendas quién es Dios, tu enemigo se ve como un debilucho. Una vez que logras tener un vistazo de Dios, puedes ver que él sigue ocupando el trono y sigue en control. Él es bueno y no dejará que seas destruido durante la tribulación. La adoración es donde nos encaramos tanto con nuestro enemigo como con nuestro intercesor. Es aquí donde podemos ver claramente, aquí es donde nace nuestra fe, es aquí donde nuestra esperanza se reaviva. Así que, la adoración es nuestra primera línea de defensa contra el ataque del enemigo.

REFLEXIONES SOBRE LA TERCERA LECCIÓN

1. ¿Cómo puede la adoración ayudarnos a enfrentar las pruebas de la vida?

2. En grupo, formulen una definición de la adoración.

3. ¿Cuáles son algunas herramientas para adorar que no has usado y que te gustaría intentar usar?

4. Explica lo que quiere decir, adorar hacia arriba, en lugar de hacia adentro. ¿Qué implica esto para tu adoración personal en la asamblea de la iglesia?

5. En tu grupo describe una ocasión cuando pudiste ver con claridad a Dios. ¿Dónde estabas? ¿Qué hacías? ¿Qué te ayudó verlo? ¿Podemos repetir esto en nuestra adoración corporal de la iglesia?

6. ¿Cuáles pruebas estás enfrentando? ¿Cómo es que el ver con claridad a Dios en su trono te ayudaría a tener consuelo durante las aflicciones?

4
CUATRO

Sufrimiento y los santos

Todos conocemos las historias de los valientes santos de antaño que se mantuvieron firmes aún frente a la oposición letal. En 156 d.C., el envejecido santo Policarpo fue amenazado de muerte si no renunciaba a Cristo. Respondió: "Ochenta y seis años he servido a Cristo y él nunca me fue injusto. ¿Cómo puedo ahora hablar mal de mi Rey y Salvador?" Ignacio se enfrentó al emperador Trajano. En lugar de renunciar a Cristo llamó al verdugo diciendo: "Déjenme disfrutar las bestias salvajes preparadas para mí . . . venga el fuego, venga la cruz, vengan las multitudes de bestias salvajes; vengan desgarres y destrozos, el rompimiento de los huesos y el desmembramiento; vengan torturas crueles del diablo; sólo déjenme llegar a Cristo Jesús".

Las historias de mártires valientes nos inspiran. Pero la realidad del sufrimiento humano es más abrumadora. La pura verdad es que aún hoy en día hay cristianos siendo asesinados por

Ya sea que tu sufrimiento sea grande o pequeño, los principios de cómo enfrentarlos básicamente son los mismos.

su fe. De hecho la cuenta de mártires cristianos en el siglo veinte es más grande que la suma de mártires de todos los siglos anteriores. Hasta 1900 se estima que hubo un total de aproximadamente 35.000 mártires. Para el año 1991 se había incrementado a más de 260.000. Más de diez mil cristianos han sido asesinados cada año desde 1950. Hoy en día, más de veinticinco por ciento de los cristianos alrededor del mundo son parte de una "iglesia clandestina". Uno de cada doscientos cristianos hoy puede esperar morir por su fe. En más de 180 naciones los cristianos han dado su vida por su fe. En Uganda, bajo el control de Idi Amin, unos 400.000 cristianos murieron, huyeron del país o desaparecieron. Miles de cristianos fueron encarcelados y masacrados bajo los regímenes comunistas de la Unión Soviética y China. En muchos países musulmanes, como Sudán, a veces las mujeres cristianas son violadas para que tengan hijos musulmanes si ellas rehusan negar a Cristo. Algunos hijos de cristianos han sido secuestrados y vendidos para la esclavitud o la prostitución, por tan poquito como 15 dólares. Historias horripilantes como éstas pueden ser multiplicadas. El punto es que hay cristianos por todos lados del mundo que están sufriendo.

Si Dios es bueno, no quisiera que los santos sufrieran. Si Dios es todopoderoso, ¡de seguro podría hacer algo al respecto! Esto crea un gran dilema teológico cuando la gente buena sufre cosas malas. Por eso Apocalipsis 6 y 7 son tan relevantes. Estos capítulos tratan con este asunto real y difícil.

El sufrimiento es algo extraño. El mío siempre es peor que el tuyo. Y el de otro, siempre es peor que el mío. Sin embargo, *ya sea que tu sufrimiento sea grande o pequeño, los principios de cómo enfrentarlos básicamente son los mismos.* Ya sea cáncer o guerra, martirio o pérdida de un amigo, estos tres capítulos nos ayudan a entender qué es lo que está haciendo Dios. Generalmente es cierto que cuando nuestros sufrimientos son más fuertes, mejor entendemos lo que Jesús nos está tratando de decir por medio de estas imágenes extrañas. Aun si nuestro sufrimiento ni le llega cerca al de otros, aunque no sea de proporciones bíblicas, este texto aún tiene un mensaje de esperanza para nosotros.

¿Por qué permite Dios que sus hijos sean maltratados en un mundo malo? Observa. Al abrir el capítulo 6 de Apocalipsis, el Cordero está abriendo un pergamino. Y cada vez que abre uno de los sellos, algo malo sucede. Con los primeros cuatro sellos salen cuatro caballos. El primer caballo es blanco. Un jinete está montado en él. En su mano tiene un arco y en su cabeza una corona. Este jinete simboliza la conquista militar.

El segundo sello se abre y sale un segundo caballo. En cualquier lugar donde hay conquista militar este segundo caballo lo sigue. Es un caballo rojo. Su jinete tiene en su mano una espada larga cubierta de sangre. Desafortunadamente esto no es algo poco común para nosotros. Desde que las cámaras de televisión nos reavelaron a Vietnam, hemos visto el derrame de sangre como resultado de la guerra. A todo color hemos visto heridas abiertas y ejecuciones en vivo. Si están acostumbrados aunque sea un poco en ver las noticias, esta imagen es demasiado familiar.

El tercer sello se abre y sale un caballo negro. Este caballo negro también acompaña todas las guerras peleadas. *Cuando la conquista militar ensombrece a un país, la gente empieza a morir y las estructuras económicas se desmoronan. A menudo el resultado es hambruna.* Hemos visto unas imágenes mostradas por Compasión Internacional de niños con sus estómagos hinchados. Casi nos hemos insensibilizado a ello. Es una imagen tan común, fácilmente se nos olvida el horror de la realidad tras la imagen.

El cuarto caballo sale. Este es amari-

> **Con la conquista militar la gente empieza a morir y las estructuras económicas se desmoronan. A menudo el resultado es hambruna.**

llento. No tiene nada en su mano, pero el Hades sigue su estela. Juntamente con el Hades, tiene un desfile de ataúdes, dolientes y funerales.

Todo esto no es una descripción de lo que se llevará acabo, ni es lo que ya sucedió. Esto es una descripción de lo que siempre está sucediendo. No nos sorprende que haya gente que muere en la guerra, que los hombres malos salen en conquista militar y matan a personas, que los niños mueren de hambre como resultado de guerra. No hay nada nuevo en todo eso. Sin embargo, lo que sigue es algo espeluznante. Cuando se abre el quinto sello (v. 9), debajo del altar de Dios vemos a los mártires. El mismo pueblo de Dios está atrapado en medio del tiroteo de la guerra de los malos. Y clamamos con los mártires en el versículo diez: "¿Hasta cuándo, Soberano Señor, santo y veraz, seguirás sin juzgar a los habitantes de la tierra y sin vengar nuestra muerte?" ¿Nunca has preguntado así? "¿Dios, hasta cuándo vas a dejar que esto siga?" ¿Cuánto tiempo más seguirá lo de Bosnia? ¿Cuánto más escapará Sudáfrica de tu ira? ¿Cuánto tiempo más se saldrá con la suya China con las atrocidades humanas que comete? "¿Oh Señor, cuanto tiempo más, hasta vengar la sangre de tu propio pueblo?"

> **La mayor parte del sufrimiento humano no es porque Dios así lo quiso o lo causó, sino porque vivimos en un mundo donde la gente es perversa, egoísta y cruel.**

La pregunta, "Dios, ¿por qué permites que cosas malas le sucedan a gente buena?", es una pregunta mal planteada. Es mal planteada por tres razones: Primero, la gente no es tan buena. Claro, es el Cordero el que rompe los sellos. Es Dios que permite que sucedan las guerras. Varias veces su voluntad soberana lo decreta. Aún así, *la mayor parte del sufrimiento humano no es porque Dios así lo quiso o lo causó, sino porque vivimos en un mundo donde la gente es perversa, egoísta y cruel.* Si estás sufriendo hoy (y es probable que sí lo estás), no culpes a Dios. Podría ser que estás viviendo en un

48

mundo que está quebrado y maldito, un mundo que tú ayudaste a formar.

Segundo, es una pregunta mal planteada porque no solamente, en lo general, no hay gente buena, si leemos los capítulos 2 y 3 correctamente, la iglesia tampoco es muy buena. Hay maldad en la iglesia que se tiene que purgar. De eso trata el versículo 6:11: **"Entonces cada uno de ellos recibió ropas blancas, y se les dijo que esperaran un poco más"**. ¿Cómo piensas que recibieron sus ropas blancas? ¿No fue por su propio martirio que sufrieron? Hay veces que la mejor forma de asirse a la pureza es por medio del dolor. ¿Nunca te has dado cuenta de eso? Muchos de nosotros somos tan tercos que no nos damos cuenta hasta que Dios nos da una patada en el trasero cuando nos agachamos para amarrarnos los zapatos. Muchas veces es durante ese tiempo de dolor cuando nuestro crecimiento más fuerte se hace. Entonces, cuando estamos sufriendo (si no lo estás ahora, probablemente pronto lo estarás), la pregunta que podríamos hacer es ésta: "¿Cómo se ve mi vestuario? ¿Tengo ropa blanca para la boda?" Si no, esta época de sufrimiento puede ser un gran momento en tu vida. Probablemente, es un prerequisito de la segunda venida de Cristo.

Hay una tercera razón porque ésta es una pregunta mal planteada. Preguntamos, "¿Por qué Dios no toma venganza por la sangre de los mártires?" Apocalipsis nos responde, "¡Lo está haciendo!" De eso se tratan los primeros cuatro caballos. Dios está castigando a los malvados del mundo. El problema es que los cristianos están atrapados en medio del tiroteo. Vean estos pocos versículos que siguen, **"Vi que el Cordero rompió el sexto sello, y se produjo un gran terremoto"**. Ahora tenemos que escuchar con oídos de un judío. En vocabulario profético, los terremotos típicamente hablan del juicio de Dios. Dios está juzgando a los malvados. Vean a quién está juzgando: **"El sol se oscureció . . . la luna entera se tornó roja como la sangre, y las estrellas del firmamento cayeron sobre la tierra . . ."**

49

Él no dejará que sus escogidos sufran más de lo que puedan soportar.

Después de leer estos versículos, no hay razón de buscar en el cielo un tumulto galáctico. De nuevo, estos versículos no están prediciendo lo que está por venir, sino describen lo que siempre sucede durante la guerra. Varias veces en el Antiguo Testamento nos encontramos con este mismo tipo de simbolismo — el sol se oscurece, la luna se torna roja como sangre y las estrellas caen. En esos pasajes, los profetas no están hablando de eventos astronómicos literales, sino de la caída de naciones poderosas. En Isaías 13, estas mismas palabras son usadas para describir la caída de Babilonia. En Isaías 24, este mismo tipo de palabras son usadas para describir la caída de Tiro. En Ezequiel 32, cae Egipto. Y en Mateo 24 se aplican a Jerusalén. ¿Qué sucede cuando los hombres van a la guerra? Aquellos que causan la guerra a menudo son destronados. Mira el capítulo 6, versículo 15: **"Los reyes de la tierra, los magnates, los jefes militares, los ricos, los poderosos, y todos los demás, esclavos y libres, se escondieron en las cuevas y entre las peñas de las montañas"**. Se les dará lo que merecen, frecuentemente por medio de la guerra y finalmente en el día del juicio. Por mientras, la completa ira de Dios contra los malvados tendrá que ser suspendida. ¿Por qué? Entre los reyes que corren hacia las rocas y los cuatro jinetes, hay cristianos que mueren. Dios no se hace el sordo a eso. *Él no dejará que sus escogidos sufran más de lo que puedan soportar.*

¿Por qué le exigimos a Dios: "¡Haz algo con esta gente malvada en el mundo!"? ¿Qué esperas que haga? ¿Que mande una inundación? Si lo hace, hay cristianos en medio de ello. ¿Qué tal un terremoto? Aun hay cristianos en medio de ello. ¿Una hambruna? ¿Una plaga? ¿Enfermedades? Hay gente inocente de por medio en todas las catástrofes que atacan al mundo. Dios no puede castigar al malvado sin que los cristianos sean atrapados en medio del tiroteo. Tal vez Dios podría convertir a todo el mundo en un Nintendo gigantesco y solo atinarles a los paganos uno por uno. Dios podría hacer eso, pero si lo hiciera, algunos de los no-creyentes que liquidaría serían nuestros familiares y amistades que todavía no han llegado a conocer el amor de Cristo. ¿De veras quieres que Dios haga eso? No importa cómo lo queramos ver, cuando Dios derrama su venganza sobre esta tierra, algunos cristianos salen perjudicados. Eso es parte de este mundo en el cual vivimos.

Eso no ayuda mucho ¿verdad? El capítulo seis no nos ayuda mucho en manejar el sufrimiento porque lo estamos mirando desde nuestra perspectiva. Es el sufrimiento visto humanamente. Sin embargo, el capítulo siete muestra el sufrimiento como lo ve Dios. Por eso él nos revela el capítulo siete y nos permite ver por qué están sucediendo estas cosas hoy en día en nuestro mundo.

¿Cómo consolará Dios a una iglesia que está en medio del sufrimiento? ¿Qué palabras pueden aliviar tanto dolor? Si estás en las angustias de las tribulaciones, prueba estas tres palabras:

La primera palabra se encuentra en el capítulo 7 versículo 3. Hay unos cuatro ángeles parados en las cuatro esquinas de la tierra. Están deteniendo los vientos que van a soplar la destrucción por la tierra. El ángel de Dios les ordena, "¡No hagan daño . . . HASTA que hayamos puesto un sello en la frente de los siervos de nuestro Dios!" Al leer de este sello por todo el Nuevo Testamento es obvio que éste es el Espíritu Santo de Dios. ¿Qué quiere decir? Precisamente esto: Dios no se olvida de ti. Se ha inscrito en tu alma. Eres su propiedad. Por lo tanto, no dejará que nada devastador le suceda a su propiedad que esté fuera de control. Esto es justamente lo que necesitamos saber durante las angustias del sufrimiento. No estás sólo. *No se ha olvidado Dios de tí. Eres precioso para él.*

Puede ser que sientas como que Dios no entiende. Puede parecer que él está muy lejos. Pero eso sólo es una ilusión sustentada por un mundo transitorio. Si sólo pudieras ver las cosas con la perspectiva de Dios,

No se ha olvidado Dios de tí. Eres precioso para él.

aunque fuera sólo por un momento, podrías ver sus toques en muchas partes de tu vida.

Porque tenemos al Espíritu Santo, Dios no se ha olvidado de nosotros. Es más, Dios no se olvidará de nosotros. ¡Somos salvos! Y por ese simple hecho nuestras almas están a salvo, aunque nuestros cuerpos sean brutalizados. Puede que eso no quite el dolor, pero sí lo bautiza de esperanza.

La segunda palabra para los santos en sufrimiento se encuentra en capítulo 7 versículos 10 a 12:

> **Gritaban a gran voz: "¡La salvación viene de nuestro Dios, que está sentado en el trono, y del Cordero!" Todos los ángeles estaban de pie alrededor del trono, de los ancianos y de los cuatro seres vivientes. Se postraron rostro en tierra delante del trono, y adoraron a Dios diciendo: "¡Amén! La alabanza, la gloria, la sabiduría, la acción de gracias, la honra, el poder y la fortaleza son de nuestro Dios por los siglos de los siglos. ¡Amén!"**

¿Donde está Dios? ¡Está en el trono! ¡Puede ser que el mundo se esté yendo al infierno, pero Dios no va a ningún lado! Él está en donde siempre ha estado. Léelo en el capítulo cuatro. Es glorioso y es exaltado en todo su poder, fuerza y esplendor. Los ángeles y ancianos lo rodean en su gloria. Todo está bajo su control. *¿Tu vida está fuera de control? ¡No, si eres hijo de Dios! ¡Nunca! Por lo menos no lo está mientras Dios esté en su trono.*

> **¿Tu vida está fuera de control? ¡No, si eres hijo de Dios! ¡Nunca! Por lo menos no lo está mientras Dios esté en su trono.**

Una tercera palabra para los santos que sufren se encuentra en el capítulo 7, versículos 16 a 17. Cuando adoran a Dios y al Cordero, casi involuntariamente, se le sale esta descripción del cielo. "Ya no sufrirán hambre ni sed. No los abatirá el sol ni ningún calor abrasador. Porque el Cordero que está en el trono los pastoreará y los guiará a fuentes de agua viva; y Dios les enjugará toda lágrima de sus ojos".

¡No te rindas!
¡NO TE RINDAS!
¡NO TE RINDAS!

Tu sufrimiento no durará por siempre. Simplemente no durará. Sólo es momentáneo en el telón de fondo de la eternidad. Puede ser que no hay un fin terrenal para tu sufrimiento. Por eso Dios dio esta visión de Apocalipsis, para que pudiéramos evaluar la vida aquí y ahora. Por medio de esta revelación podemos visualizar el diseño tan amplio de Dios y nuestro destino final.

Aunque tu sufrimiento llegue a las alturas de estas imágenes tan horrorosas del capítulo seis, tienes que recordar estas tres palabras: Estás marcado por Dios, Dios sigue en el trono y el cielo es real. Este es el punto principal: No te rindas porque Satanás te está agrediendo. No huyas de la iglesia. No abandones a tu Señor. ¡No dejes que el dragón, la bestia y la ramera te derroten, porque Dios se encargará de ellos muy pronto! *¡No te rindas!* ¡NO TE RINDAS! **¡NO TE RINDAS!**

REFLEXIONES SOBRE LA CUARTA LECCIÓN

1. ¿Porqué está mal planteada la pregunta "Por qué permite Dios que cosas malas le sucedan a gente buena?" ¿Cuáles son algunas respuestas apropiadas a esta pregunta?

2. ¿Qué lecciones importantes de la vida has aprendido por medio de la escuela del sufrimiento?

3. ¿De qué forma está llevando acabo hoy en día estas imágenes de los cuatro caballos, los terremotos y el tumulto galáctico?

4. ¿Cuál de estas palabras de consuelo del capítulo 7 es de más ayuda para ti?

5. ¿De qué tipo de sufrimiento en este mundo podrían ser exentos los cristianos gracia a la obra del Espíritu Santo?

6. ¿Qué cosas hay que te ayudan a recordar que Dios sigue en su trono?

7. ¿Cómo es que una visión del cielo te puede ayudar durante las pruebas aquí en la tierra?

5
CINCO

Sufrir sin el Salvador

Si piensas que es difícil sufrir como cristiano, ¡deberías probar el sufrimiento como pagano! En el primer ciclo de sietes (capítulos 6 y7), los cristianos sufren los sellos juntamente con sus vecinos no-cristianos. Sin embargo, el segundo ciclo de sietes (capítulos 8 y 9), es diferente. La novia de Cristo está exenta de muchas de las cosas que agreden al mundo por medio de las trompetas.

Y va así: El séptimo sello se rompe y todo el cielo se queda en silencio por una media hora (8:1). ¿Por qué? Porque el séptimo sello (al igual que la séptima trompeta y la séptima copa), representa el juicio final de Dios. La corte siempre se queda callada al esperar la decisión del veredicto. Pero el silencio no dura mucho y pronto empieza a sonar el sonido del juicio: "estallidos de truenos, estruendos, destellos de relámpagos y un terremoto" (v. 5, ver 4:5; 11:19; 16:18). Todo esto sería demasiado para uno si no fuera por una pizca de consuelo. Y eso es

Dios no está ciego a la maldad de este mundo. cuando el ángel de Dios le entrega a su majestad las oraciones de los santos. Dios ha oido a su iglesia; ella está a salvo durante el juicio. De repente la cinta se rebobina y repetimos el ciclo. En otras palabras, pasamos del cielo y el fin del tiempo a la tierra y el tiempo de tribulación. Pero esta vez vemos el sufrimiento del mundo de un ángulo diferente. En la primera vuelta veíamos la tribulación a través del lente de la iglesia. En la segunda vuelta vemos la perspectiva del mundo.

Aparecen siete ángeles. Forman una orquesta catastrófica. Cada uno tiene una trompeta para tocar. La primera estrofa se toca con las primeras cuatro trompetas. La pieza que tocan se llama "desastres naturales". La primera trompeta destruyó a un tercio de la tierra, la segunda un tercio de los mares. La tercera se deshizo de un tercio de las aguas frescas de la tierra y la cuarta un tercio de los cielos. Las malas noticias de esto es que los cristianos sufren estas cuatro trompetas. No sólo tenemos que soportar los planes malvados de los hombres corruptos (6:1-8), sino también sufrimos estos desastres naturales juntamente con los malvados en este mundo. Sin embargo, la buena noticia es que éste es el fin de nuestro sufrimiento. De aquí en adelante, hay una diferencia obvia en cómo sufren los paganos. Observa.

Después de que termina el eco de la cuarta trompeta, aparece un águila en el cielo. Como uno podría esperar en un libro como éste, el águila habla, más bien, grita. Su mensaje no es muy placentero: **"¡Ay Ay Ay! de los habitantes de la tierra cuando suenen las tres trompetas que los últimos tres ángeles están a punto de tocar!"** (8:13) Lo bueno es que estas aflicciones no son algo de qué preocuparnos en la iglesia. Podremos sufrir en el mundo, pero no con la maldición del mundo.

Aflicción #1: Castigo en el Mundo

Dios no está ciego a la maldad de este mundo. No está sentado pasivamente cerrando sus ojos a las transgresiones del mundo. Puede ser que su castigo no siempre sea muy rápido, pero sí es seguro. A veces llega de los lugares menos esperados. El quinto ángel da un trompetazo y sale una estrella disparada del cielo. Ahora, ya sabemos que las estrellas representan a los ángeles, o aun más literalmente, mensajeros. No todos estos mensajeros son buenos. De hecho, tenemos algunas pistas de que este mensajero es una mala noticia. Primero, va en la dirección contraria. Se está cayendo *desde* del cielo. Segundo, está abriendo el abismo. Por si no lo sabes, nada bueno jamás sale de allí. Abróchate el cinturón — algo malo está a punto de suceder.

Se retira la tapa del abismo. Nubes de humo salen y oscurecen el cielo. De las nubes de humo salen montones y montones de bichos. Son langostas. *Sin embargo no encontrarás a estos insectos en ningún libro de entomología común.* ¡Estas cosas son unos mutantes! Pican como un escorpión, tienen la apariencia de un caballo, el rostro como de un humano y cabello de mujer. Tienen los dientes de un león y una coraza como de hierro. El ruido de sus alas es ensordecedor. Pero lo más espeluznante de todo es que los dirige nada menos que Abadón, el ángel destructor del abismo.

Si no supiéramos que es una visión de Dios, uno pensaría que Juan había ingerido una planta alucinógena ahí en Patmos. ¿Qué quiere decir esto? ¿Qué tipo de imagen está tratando de pintar Juan? Si piensas como judío, no es muy difícil de entender. Si vivieras en Palestina y comieras requesón echado a perder antes de acostarte y tuvieras una pesadilla, esto sería el tipo de imagen que elaboraría tu mente. Ves, Juan está tomando y metiendo en esta imagen a todo lo que temen los judíos: una plaga de langostas, invasión del ejército parto y animales salvajes como leones y escorpiones.

Las plagas de langostas en el Oriente Medio eran terribles. Cuando las veías venir, no había nada que podías hacer. Se estable-

Sin embargo no encontrarás a estos insectos en ningún libro de entomología común.

cían en tus cosechas y se comían prácticamente todo tipo de vegetación y se marchaban igual de rápido como llegaron. A veces se marchaban después de unas horas, a veces después de unos días. Pero noten lo que dice Juan de las langostas. Se establecieron para matar. Se quedan por cinco largos meses. ¿Por qué cinco meses? Porque es el tiempo que viven las langostas. En otras palabras, mientras estas cosas estén vivas, atormentarán a los no-creyentes. Hacen de sus vidas una miseria que hasta la muerte sería una bendición. Aun así, a los no-creyentes no se les da la misericordia de terminar con todo.

El pueblo parto, que vivía muy al norte de Israel, eran unos peleadores feroces. Se especializaban en tácticas de caballería veloz. Tenían cabello largo como el de una mujer y mataban sin misericordia. Curiosamente, a los judíos les gustaban, por lo menos un poquito. Los partos eran los únicos que eran una amenaza para Roma. Y por eso, los judíos los apreciaban. Aun así, no hay ningún cariño por estas langostas. ¡Son malas hasta los huesos y están en las caras de aquellos que no tienen el sello de Dios en sus frentes (v. 4)!

¿Entonces qué son estas langostas? Bueno, viendo que son guiadas por Satanás y salen del abismo, lo más probable es que son demonios. Esto tiene mucho sentido también. Satanás dirige a sus tropas para infligir destrucción sobre la tierra . . . con el permiso de Dios, por supuesto. Sin duda Satanás causa muchos problemas con los creyentes, pero aun así tiene sus manos atadas. Piénsalo. *¿Qué herramientas tiene Satanás para trabajar? Realmente sólo tiene cuatro: acusación, muerte, engaño e intimidación.* Si eres un creyente en Cristo, Satanás ya no tiene poder de acusación sobre ti (Romanos 8:34). Ni la muerte su aguijón (1 Corintios 15:54-57). Todo lo que puede hacer Satanás es intimidar y engañar a los cristianos. Pero, si estás en la Palabra de

Dios, no te engaña fácilmente. Y si estás lleno del Espíritu Santo, sin duda eres más poderoso (1 Juan 4:4). Habrá más sobre esto en el capítulo 20, pero basta con decir que la labor de Satanás con los creyentes es radicalmente acortada.

Por otro lado, los no-creyentes, no tienen tal protección. Satanás casi tiene reinado completo sobre los suyos. Son atormentados por demonios de engaño que hacen insoportables sus vidas. Unos sufren de tormento sicológico. Otros están atrapados con adicciones que les roban la vida, seguridad e integridad. Otros están oprimidos, o hasta poseídos, por demonios que controlan sus mentes y a veces sus cuerpos. Sin mencionar nada sobre las pesadillas, la culpa, los secretos, los hábitos, los temores o la vergüenza. ¡Somos libres de todo esto por medio de la sangre de Cristo! Claro que los cristianos sufren en este mundo. Pero gloria a Dios que no sufrimos como los paganos. La primera aflicción ha terminado, viene la segunda.

Aflicción #2: La batalla final en la tierra

¿Te sorprende llegar al fin del mundo tan temprano en el libro? No te sorprendas. Ya se mencionó y esta no es la primera vez (6:12-17). Y lo veremos muchas veces más (8:5; 10:6-7; 11:15-19; 14:7, 14-20; 16:14-18; 19-21). Lo que estamos viendo aquí es un patrón, no una cronología. El patrón es sencillo: La maldad está desenfrenada, entonces Dios la trata de frenar incrementando el sufrimiento (Aflicción # 1). Este proceso llega al tope con una batalla decisiva final (Aflicción # 2). Después de la batalla sigue el fin del mundo y el juicio final (Aflicción # 3).

Ahora el escenario es éste. Por última vez Dios intenta llamar a los malvados al arrepentimiento. (Esta batalla será descrita mejor en los capítulos 19 y 20). *La decisión es simple, pero radical: Ponte del lado correcto en la línea de batalla o muere.*

Los guerreros son difíciles de identi-

La decisión es simple, pero radical: Ponte del lado correcto en la línea de batalla o muere.

ficar. Son guiados por cuatro ángeles. Estos cuatro ángeles han estado atados a la orilla del río Éufrates, un lugar estratégico del mundo antiguo. Están listos para marchar en todas las direcciones con una milicia de proporciones inmensas. Aquí está lo curioso: estos ángeles obviamente son los mensajeros de Dios, pero no necesariamente son ángeles buenos. A fin de cuentas, ¿alguna vez Dios obligó a alguien a estar de su lado? Y los caballos echaban humo y azufre y sus colas eran como serpientes (9:18-19). ¡Eso suena más como un demonio que como Gabriel o Miguel! De nuevo, probablemente tenemos a demonios destruyendo a la gente del mundo. Pero la diferencia es que no son dirigidos por Satanás, sino por Dios mismo.

Es suficientemente malo encontrarse bajo un ataque diabólico. Pero encontrarte en un duelo con Dios es más que aterrorizador. Sin embargo, ésta es la posición de todos los que no aceptan al Hijo de Dios. Al final, los no-creyentes se encontrarán luchando en un mundo oprimido por los hombres malvados, sujetos a desastres naturales y acribillados por influencias diabólicas. Aún peor que esto, se encontrarán en contra del creador y sustentador del universo.

Por favor no mal entiendan, a esta altura, el castigo de Dios todavía es redentor. No anda liquidando a la gente mala sólo por cometer unos pocos errores. Está llamando a la gente al arrepentimiento. Tristemente la saga termina sin una conversión masiva. **"El resto de la humanidad, los que no murieron a causa de estas plagas, tampoco se arrepintieron de sus malas acciones ni dejaron de adorar a los demonios y a los ídolos de oro, plata, bronce, piedra y madera — los cuales no pueden ver ni oír ni caminar. Tampoco se arrepintieron de sus asesinatos ni de sus artes mágicas, inmoralidad sexual y robos"** (9:20-21).

¿Por qué permite Dios este tipo de sufrimiento en el mundo? ¿Porque es malo y feo? Al contrario, no está dispuesto a que nadie se pierda, sino que lleguen a arrepentirse. Muy cierto, pero aun es más que eso. Dios está convencido en justificarse a sí mismo. Cuando llegue el juicio en el próximo trompetazo, nadie podrá decir, "Pero es que no entendí" o "No me dieron suficiente tiempo". Para entonces las líneas de batalla serán incambiables y Dios tendrá todo el derecho de desatar su ira.

Este libro nos recuerda que no debemos renunciar a la fe. Nunca dejes a Jesús.

¿Y QUÉ?

¿Por qué tomaría Dios el tiempo en un libro tan importante como éste para decirnos lo que va a hacer con los no-creyentes? De hecho, este libro fue escrito para cristianos decididos. Respuesta: A veces cuando los cristianos sufren, son tentados a darse por vencidos. A fin de cuentas, a algunos se les dijo equivocadamente que Cristo era la respuesta a todos sus problemas. Sin embargo, encuentran que tienen más problemas después de venir a Cristo.

Este libro nos recuerda que no debemos renunciar a la fe. Nunca dejes a Jesús. No sólo habrá una gran recompensa para los que son fieles, sino también hay gran sufrimiento para los que no lo son. Al menos que uno piense, "Sí, sí, sufriré más tarde, pero por el momento será mejor que viva cómodamente en este mundo. Al fin, puede ser que tenga suerte y me arrepienta antes que sea demasiado tarde". No, no y mil veces no. *Aparte de lo que le pase a un cristiano, es mejor sufrir como creyente que vivir como un pagano.* Y mientras más cerca estamos a la venida de Cristo, más verdadero se vuelve esto.

A veces somos seducidos en pensar que las cosas son más cómodas en el mundo que en la iglesia. Apocalipsis nos revela que no es así. Podremos sufrir los planes malvados de hombres malévolos. Hasta podremos sufrir por desastres naturales. Pero cuando nos acostamos en la noche, no tenemos que temerle a la muerte, ni sentir vergüenza, luchar con el remordimiento, cargar con la culpa, buscar esperanza, preocuparnos por nuestro destino o cuestionar sobre nuestro destino. No tenemos que esquivar demonios, vivir con langostas, huir de jinetes o acobar-

Aparte de lo que pase a un cristiano, es mejor sufrir como creyente que vivir como un pagano.

darnos de los ataques de Satanás. Más que esto, no tenemos que enfrentarnos a Dios en una lucha de proporción colosal. De hecho, él está parado con nosotros como nuestro escudo y primera línea de defensa.

Entonces, ¿estás sufriendo? Bienvenido al club. No renuncies a Dios. Muy cierto, de hecho, él puede ser el responsable. ¿Pero a quién más puedes ir para protejerte? ¿Quién más puede sanar? ¿Qué más hay que te puede dar el consuelo que anhelas? A menos que estés preparado para pelear contra Dios, es mejor que te quedes con él.

REFLEXIONES SOBRE LA QUINTA LECCIÓN

1. ¿Cuáles son las tres aflicciones que el mundo experimenta de las cuales la iglesia está exenta? Da unos ejemplos específicos de cómo estos principios se llevan acabo hoy en día.

2. Si tú, como Juan, tomaras todas las cosas que componen nuestras pesadillas y las pusieras en una imagen horrorosa del juicio, ¿cómo sería tu imagen Apocalíptica? En otras palabras usa tu creatividad e intenta crear una imagen que haría lo mismo para nosotros hoy en día, como la imagen del juicio que hizo Juan para sus lectores.

3. ¿Cuáles son las cuatro armas de Satanás (pag. 4) y porqué son impotentes contra los cristianos?

4. ¿Cuál es el patrón del sufrimiento en este mundo? ¿Cómo es que las tres aflicciones apuntan al juicio de Dios?

5. ¿Tiene Dios poder sobre los ángeles malvados? ¿Cómo funciona esto? ¿Y qué quiere decir esto?

6. ¿Cómo es que la aflicción número dos al final justificará a Dios?

7. ¿Por qué tomaría Dios el tiempo en un libro tan importante como este para decirnos lo que va a hacer con los no-creyentes?

6
SEIS

Las realidades espirituales detrás del velo

En un domingo común, ¿qué es lo que ves al mirar a tu alrededor en el edificio de la iglesia? Tal vez sean algunas bancas y un púlpito, gente bien vestida sonriendo con Biblias en sus manos. Puede ser que haya unos pocos vitrales de colores, un arreglo de flores y un bautisterio. Estas son algunas cosas que podemos ver que están simplemente a la vista.

En cambio, ¿qué podríamos espiar si el velo físico fuera puesto a un lado y pudiéramos ver las realidades espirituales invisibles a nivel humano? Tal vez habría demonios escondidos en los rincones, unos diablillos arrojando chismes. Tal vez nubes pequeñas de azufre saldrían de sus narices al susurrar medias-verdades en las mentes del pueblo de Dios. Tal vez algunos de ellos cargarían adicciones y se aferrarían a los tobillos de la gente o andarían orgullosamente en los hombros de víctimas desprevenidas.

Con sus pieles correosas y sus alas como de vampiros, puede ser que se pongan a volar alocadamente y causan estragos en la iglesia. También podríamos ver a ángeles fornidos vestidos de blanco resplandeciente alrededor de los niños y las viudas. Con sus alas extendidas y espadas en sus manos están en guardia sobre los amados de Dios. ¿Qué veríamos? Éstas sólo son unas descripciones imaginativas. Sin embargo, las fuerzas espirituales detrás del velo son muy reales y tratamos con ellas a diario. Si sólo las pudiéramos ver, tal vez tomaríamos más en serio la batalla en la que estamos.

Es por eso que los capítulos 11-13 son tan importantes. Estas visiones abren nuestros ojos a la verdadera batalla que enfrentamos, los carácteres reales con quienes hacemos la guerra. Cada capítulo describe nuestra lucha espiritual de un ángulo diferente. En el capítulo 11 lo vemos de la perspectiva de la iglesia. El capítulo 12 la muestra desde el punto de vista del cielo. Y el capítulo 13 lo ve por el lente del mundo.

Desde la perspectiva de la iglesia

Como Ezequiel de antaño, Dios le dice a Juan que mida el templo (Ezequiel 40). En otras palabras, ésta es una vista del pueblo de Dios, ya que los atrios exteriores son excluidos (11:1-2). Esta casa santa de Dios recibirá una paliza por los paganos durante 42 meses, eso es 1,260 días o tres años y medio. Esto es un recuento de la tribulación. Si quisiéramos, podríamos buscar un período literal de sufrimiento. Pero de seguro los lectores de Juan gritarían desde sus tumbas, "Ya hemos pasado por la tribulación". ¿Cómo sabemos eso? Porque así lo dice 7:14. Vemos los viejos mártires que ya han pasado por la gran tribulación (7:14) y están ante el trono de Dios suplicando a favor de los que siguen sufriendo (6:10). Esto no niega un período de sufrimiento intenso justo antes del regreso de Cristo (1 Tim. 4:1-5). Pero sí se puede decir que *el término "tribulación" describe adecuada-*

mente lo que le ha estado pasando a muchos cristianos en todas partes del mundo desde la ascensión de Jesús.

Entonces, el número tres y medio probablemente tiene más que ver con un período de tiempo indefinido que un conteo literal de días. Para los lectores de Juan, tres y medio era el símbolo correcto para representar la persecución del pueblo de Dios. Ese fue el tiempo que se escondió Elías después de causar una sequía (Santiago 5:17). Esa fue la duración de la guerra macabea en contra del malvado Antíoco Epífanes (junio 168-diciembre 165 a.C.). También fue el tiempo que abarcó el ministerio de Jesús mismo entre su bautismo y su ascensión. Fue el período que envolvió a Jerusalén cuando finalmente fue destruida por los romanos (febrero d.C. 67- agosto 70 d.C.). Cuando estos crisianos judíos del primer siglo escucharon "tres y medio", instintivamente decían, "¡Oh no!, ¡El pueblo de Dios va a pasarlo muy mal!" Quizás hubo (o habrá) un cumplimiento literal de los tres años y medio. No obstante, los principios de este pasaje abarcan el curso de la historia de la iglesia. Es probable que esto no será lo que se llevará acabo sino lo que siempre se lleva acabo cuando los cristianos sufren en este mundo.

El término "tribulación" describe adecuadamente lo que le ha estado pasando a muchos cristianos en todas partes del mundo desde la ascensión de Jesús.

Esto es lo que pasa. Durante el período de la tribulación hay dos testigos. Juan toma prestada la ilustración de Zacarías 4 para describirlos como dos candelabros y dos olivos que obviamente alumbran la casa de Dios. ¿Cómo alumbran? Bueno, queman aceite de olivo. Entonces como estos candelabros están conectados con un cordón umbilical a los árboles de olivo, pueden arder sin parar. ¡Y cómo arden! De hecho la palabra que sale de sus bocas consume a sus enemigos como el aliento de un dragón. Así es precisamente como Dios describió las predicaciones de Jeremías (Jer. 5:14). Estos dos testigos extraordinarios

Elías tomó un "taxi" en llamas hacia el cielo, y Moisés fue enterrado por la mano de Dios mismo.

tienen el poder de Elías para poder cerrar el cielo, y el poder de Moisés para convertir el agua en sangre (11:6). Eso es significativo. Ninguno de estos dos hombres murió de una manera ordinaria. *Elías tomó un "taxi" en llamas hacia el cielo, y Moisés fue enterrado por la mano de Dios mismo.* Es por eso que los judíos esperaban que estas dos figuras escatológicas regresaran como precursores del final.

¿Entonces, debemos buscar a Moisés y a Elías antes del regreso de Jesús? Probablemente no. ¿Debemos buscar a otros dos predicadores que personifiquen a Moisés y a Elías? Probablemente no. El número "dos" representa un testigo legal de acuerdo a la ley mosaica. Entonces si pesamos el número en lugar de contarlo, tenemos una interpretación parecida a esto: El testigo legal de Dios (en cualquier forma que sea), tendrá el poder de las dos figuras más grandes de la historia bíblica. Su palabra saldrá contínuamente como una luz para la gente de Dios y un fuego consumidor para sus enemigos. El punto principal es que la predicación del evangelio por medio de la iglesia será poderosa en nuestro mundo.

La historia nos ha demostrado que el evangelio ha sido poderoso. Prácticamente ha penetrado cada rincón de nuestro mundo y ha impregnado mucho. Pero Satanás no se va a quedar quieto por mucho tiempo. Sale del abismo y ataca a los testigos de Dios. Sus cadáveres quedan tendidos en las calles y todas las lenguas y tribus miran tontamente a los cuerpos con deleite. Los cuerpos se quedan allí por tres días y medio. Es un tiempo corto comparado a los tres años y medio que predicaron. Justamente cuando parece que el diablo gana, Dios interviene. Resucita a los testigos y castiga a todos los que se les oponen. Hay una batalla final, la segunda aflicción (vv. 13-14). Suena la séptima trompeta avisando el juicio final de Dios (vv. 15-19). Una vez más, llegamos al final.

Ésta es la parábola de la iglesia. Su mensaje es muy simple. Se predica el evangelio con victoria y poder. Satanás se opone con una fuerza cruel y letal. Dios interviene, aplastando todos sus enemigos e inaugurando en el juicio final. ¿Qué quiere decir todo esto? Aguanta un momentito.

El punto de vista desde el cielo

Empieza el capítulo doce y aparecen dos grandes figuras en el cielo. La primera figura es una mujer enorme. Tiene casi nueve meses de embarazo y está revestida del sol. La criatura que está a punto de dar a luz es el Mesías (v.5). La mujer no es la pequeña María, sino todo Israel. Atrás de ella está una segunda figura, un dragón. Este dragón tiene siete cabezas (que representan gran autoridad), cada una con su propia corona (que representan victoria y dominio). Sobre su frente tenía diez cuernos (que representan poder completo). Éste es el diablo. Inicia una guerra en el cielo y crea caos entre los ángeles. Una tercera parte de las estrellas caen por su culpa, tal vez representando los ángeles que siguieron su rebelión. Nos regocijamos que el ángel Miguel y los ángeles buenos ganaron y echaron al diablo del cielo a la tierra. Pero hay un problema: el diablo ahora está en la tierra. Esto es en donde *nosotros* vivimos. Y está justo en nuestros talones. Persigue a la mujer al desierto. Pero Dios la protege por 1.260 días. Esto es el mismo retrato que encontramos en el capítulo 11, tres años y medio. Simplemente es visto de un ángulo diferente.

Las cosas no se ven muy bien para la mujer. De hecho, Satanás arroja un río que parecía que la arrastraría. Justo a tiempo la tierra misma se abre y traga el río. El diablo se frustra y se altera. Celebramos hasta que nos damos cuenta que cuando ya deja de molestar a la mujer, empieza a perseguir a sus descendientes. ¡Oye, esos somos nosotros! Los cristianos están bajo el ataque de Satanás. Si Miguel y los chicos buenos tuvieron dificultad

No lo venceremos. Ya lo hemos vencido.

69

en sacarlo del cielo, ¿Qué posibilidad tenemos nosotros de sobrevivir su ataque? La respuesta está en 12:11. *No lo venceremos. Ya lo hemos vencido.* La batalla no depende de nosotros. Ya ha sido peleada y decisivamente ganada por Jesús en el golpe mortal que le dio en el Calvario. Entonces ¿qué quiere decir esta parábola? Aguanta un momentito.

Por el lente del mundo

En el capítulo 13, se nos presentan dos bestias. La primera sale del mar. En Apocalipsis, "mar" representa muchos pueblos (ver 17:1, 15). Entonces esta bestia se levanta de entre las naciones del mundo. También nos damos cuenta que se parece mucho al dragón. Los dos tienen siete cabezas y diez cuernos. La bestia tiene tres coronas más que el dragón, pero las diferencias son insignificantes. Ponemos a los dos juntos y los vemos y decimos, "Están cortados por la misma tijera".

Cada una de las diez cabezas tiene un nombre blasfemo escrito en ella. Y su boca no es de lo mejor; también vocaliza blasfemias. A la bestia se le permite tener 42 meses para soltar y decir sus blasfemias. En otras palabras, todo el tiempo que están predicando los dos testigos y todo el tiempo que el dragón persigue a la mujer, la bestia esta haciendo de la suyas. Todo esto está sucediendo al mismo tiempo.

Se pone peor. Una de las cabezas recibe una herida fatal. Milagrosamente e inesperadamente sobrevive la cabeza. Esto llama la atención de todo el mundo. Probablemente Juan tenía a Nerón en mente, y la leyenda de su resurrección de los muertos. Otros buscan un cumplimiento en un líder gubernamental específico. Pero esto sí es seguro. Sí hay un gobierno que va llevando acabo el programa de Satanás, engañando a las personas de la tierra. Sin embargo, esta primera bestia no trabaja sola. Una segunda

¿Cuál gobierno es la primera bestia y cuál religión falsa es la segunda? La respuesta: Tú elige.

bestia se levanta de la tierra. Ésta, en lugar de imitar al dragón, intenta imitar al Cordero (13:11). Esto es suficiente para hacer enfurecer a cualquier buen cristiano. ¡¡Cómo se atreve esta bestia a actuar como el Cordero!? Aún así, abre tus ojos y no tendrás que buscar muy lejos para encontrar religiones falsas trabajando juntamente con gobiernos satánicos con el propósito de alejar a la gente de Dios. Esta segunda bestia, por medio de sus actos milagrosos, primordialmente es responsable por el éxito de la primera bestia.

Entonces preguntamos: *¿Cuál gobierno es la primera bestia y cuál religión falsa es la segunda? La respuesta: Tú elige.* ¿Lo puedo decir de nuevo? Esto podría tener un cumplimiento en un gobierno particular, pero los principios de este texto no sólo se aplican a los días de Juan, ni a lo que sucederá antes del regreso de Cristo, sino a lo que siempre sucede. ¡Así es como opera nuestro mundo! Ve a tu alrededor, a Iran. Tienes a un gobierno pagano llevando acabo el programa del diablo con el apoyo de una religión falsa. Podrías ver a la antigua Unión Soviética apoyada por la religión atea del humanismo. O ve a Cuba, la China, la India, Bosnia, Roma antigua, Babilonia, Egipto y muchos más. Hasta podrías ver una nación donde prohíben la Biblia en sus escuelas, pero sí regalan condones en ellas. Una nación que mata a más bebés antes de nacer (en útero) cada año, que todas las vidas que se han perdido en todas las guerras combinadas. Una nación donde la pornografía y la perversión son protegidas por la libertad de expresión, pero cuidado con poner un nacimiento navideño en los escalones del juzgado. Podríamos ofender a alguien. ¡Dios mío, ten misericordia de nosotros; quita nuestra ceguera para poder ver!

Entonces, ¿qué quiere decir esta parábola? Aguanta un momentito. Exactamente . . . eso quiere decir. Tienes que aguantar un poco más. Vivimos en un mundo donde los testigos de Dios son masacrados. Vivimos en una tierra donde los descendientes de la mujer son perseguidos por un dragón. Vivimos entre naciones de religiones falsas y gobiernos satánicos. Es un lugar difícil en la cual vivir, pero no estaremos aquí por mucho tiempo. Así que si podemos aguantar un poco más, veremos la victoria de Dios y la resurrección de sus hijos.

Juan dice, **"El que tenga oídos, que oiga. El que deba ser llevado cautivo, a la cautividad irá. El que deba morir a espada, a filo de espada morirá. ¡En esto consisten la perseverancia y la fidelidad de los santos!"** (13:9-10). Estas palabras son tomadas de Jeremías15:2 y 43:11. Son la advertencia de Dios hacia a su pueblo: "Tengo un programa que cumplir y no hay nada que pueden hacer para detenerme. Algunos de ustedes serán atrapados dentro del castigo de los malvados. Así tendrá que ser. Pero cuenten con esto, cuando acabe el exilio, arreglaré todo". Algo de la tribulación que sufrimos es cuando simplemente Dios está acomodando a Satanás para el jaque mate. Como creyentes somos atrapados en el tiroteo. Así es como tiene que ser de acuerdo al plan soberano de Dios. No es porque nosotros estamos siendo castigados, sino porque Satanás está siendo castigado. No es porque Dios nos odia, sino porque él odia la maldad. Si nos aguantamos, cuando se calmen las cosas Dios arreglará todo. A su debido tiempo veremos cuán justo es Dios en dejar que estas cosas sucedan en el mundo. Por mientras, tendremos que esperar al cielo. *Sin embargo, si nos aferramos a Jesús, valdrá la pena esperar.*

También debemos recordar que la bestia que blasfema, se le ha dado una boca y 42 meses para insultar a Dios. ¿Quién le dió esta boca? Sólo Dios pudo. Esta es una observación increíble. Dios creó al diablo, al gobierno y al tiempo. Él controla los tres con una precisión soberana. Satanás es un diablo malvado, pero sigue siendo el diablo de Dios. Así que no debemos dejar que las adversidades de la vida nos sobrelleven como si estuvieran fuera del control de Dios. Él es sabio y bueno. Si podemos aguantar un poco más, lo podremos ver con una claridad increíble.

Sin embargo, si nos aferramos a Jesús, valdrá la pena esperar.

Por fin, tenemos que tratar con esta

marca de la bestia (13:16-18). Antes que nada, tenemos que recordar que ésta no es la primera marca dada en Apocalipsis. La primera fue la marca del Espíritu dada en 7:3. Fue una marca espiritual, fue el carácter de Dios estampado en las vidas de los creyentes. Entonces, nuestra primera conjetura sobre la marca de la bestia es que es el

Nos haría bien temerle más a la mundanería que a unos tatuajes numéricos.

carácter de la bestia estampado en las vidas de los no-creyentes. Algunos buscan códigos de barra, claves de elector, o unos "chips" bajo la piel. Sin embargo, en su búsqueda no le atinan. Por ejemplo, unos no permiten que sus números de identificación personal se usen en sus licencias de conducir, pero van a ver películas que rebosan con el programa de la bestia. Nunca pensarían ponerse un chip debajo la piel de su mano, pero compran revistas en las tiendas llenas de podrida mundanalidad. Nos preocupamos por los códigos de barra cuando en realidad deberíamos tener precaución del cable, internet, chismes, calumnias, materialismo y muchas otras cosas paganas que hemos aceptado en nuestra "cultura" cristiana. ¡Iglesia despierta! Libérate de la marca de la bestia, del hedor del mundo que satura nuestras vidas. Esta hediondez a la cual nos hemos acostumbrado es una toxina diseñada para nuestra destrucción. Si quieres esquivar al dragón, no te puedes permitir oler a él.

Su marca, la marca de la humanidad, no es algo que está a la vista; sino se adopta apasionadamente. Este 666 es el carácter y propósito del diablo que inunda nuestra sociedad tanto que no podemos ir a la tienda sin ser abrumados por ella. Es la sensualidad y la arrogancia, la calumnia y el egoísmo, el materialismo y el engaño de este mundo. *Nos haría bien temerle más a la mundanería que a unos tatuajes numéricos.* Debemos lavarnos bien las manos y la cara de cualquier suciedad del maligno. Es más fácil decirlo que hacerlo en tiempos de tribulación durante estos "tres años y medio". Todo termina en esto: ¿Puedes ver con claridad las entidades espirituales con las cuales tratamos a diario? ¿Tienes fe? ¿Crees que Dios derrotará al dragón y a la bestia? Seremos marcados como la propiedad de un lado o del otro. Tú decides. Escoge sabiamente.

REFELEXIONES DE LA SEXTA LECCIÓN

1. ¿Qué es lo más probable que quiere decir el tres y medio? ¿Dónde más hemos encontrado esta imagen del tres y medio?

2. ¿Quiénes (o qué) crees que representan estos dos testigos? ¿Qué papel tendrán en la iglesia? ¿Cómo son una "parábola de la iglesia" de hoy?

3. ¿Qué representan los siguientes símbolos: siete, diez, cabezas, cuernos, coronas, 1.260 días, mujer, dragón, bestias, mar?

4. La primera bestia imita al dragón. ¿A quién imita la segunda bestia? ¿Qué papel tiene cada uno en el drama de Dios? ¿Dónde y cómo ves estas dos bestias trabajando hoy en día?

5. ¿Qué quiere decir la frase, "esto no es lo que ha pasado o hasta lo que va a pasar, sino lo que siempre está pasando"? ¿Es una manera justa de ver a Apocalipsis? Viendo el texto de esta manera, ¿lo hace más significativa o relevante para ti hoy en día?

6. ¿Qué representa la pequeña cabeza herida? ¿Y qué ocasiona su recuperación?

7. ¿Cuál es el mensaje principal que domina estos tres capítulos? ¿Cómo se relaciona la advertencia en contra de la marca de la bestia con el mensaje principal? Sé honesto sobre tu propio involucramiento con el "666". ¿Has sido marcado por el mundo? ¿Y qué pasos tomarás para purgarte de ello?

7

SIETE

Los siete finales

A hora llegamos a las siete últimas plagas (v. 15) y las siete copas de la ira de Dios (v. 16). No hay ninguna diferencia entre las dos. Las dos están diseñadas para castigar a los enemigos de Dios. Repasemos. Los primeros de la "serie de sietes" fueron los sellos (capítulos 6-7). Enseñan como sufre la humanidad en la tierra por medio de los planes de hombres malvados. Como resultado de los sellos, los santos de Dios fueron sellados. La iglesia se mantuvo firme en un mundo de aflicciones. Después vinieron las siete trompetas, aflicciones tanto naturales como sobrenaturales (capítulos 8-9). Su propósito fue de llamar a la humanidad al arrepentimiento. O tal vez de una manera más realista proveyeron una oportunidad para que la humanidad malvada se arrepintiera. Sin embargo, cuando no se arrepienten, demuestra cómo Dios es justo cuando juzga y castiga. Tuvieron oportunidad para seguir a Dios. Así que no tienen ninguna excusa cuando Dios se vuelve en contra de ellos. (Veremos más sobre esto más adelante). Ahora llegamos al ciclo final. Estos sufrimientos no son para la purificación de los santos. Esto es la

Es poco realista imaginar a un Dios de amor que no sea un Dios de ira. ira cruda y no adulterada de Dios directamente desde su trono.

Esto es un pensamiento escalofriante, no tanto por el enojo temible de Dios, sino por nuestra aversión a un Dios que tiene este tipo de temperamento. Nos lo hemos imaginado como eternamente paciente. Tú sabes, el abuelito que se mece en el patio regalando dulces a los nietos sin importar sus travesuras. Este retrato popular de Dios es totalmente erróneo. Dios sí se enoja. Y todas nuestras objeciones filosóficas, u otras, no deshacen la naturaleza de Dios. Además, *es poco realista imaginar a un Dios de amor que no sea un Dios de ira.* Una madre quien tiene un hijo en peligro es más temible que una osa al quitarle sus cachorros. Un hombre tiene un celo letal cuando agreden a su amante. Entonces parece que, entre más grande el amor, más grande la ira. Si esto es cierto, podemos esperar que el castigo de Dios para los malvados equivalga al amor hacia los santos. Hasta Juan 3:17 es necesario como un balance de Juan 3:16. Hay unos que no pueden creer en un Dios de amor que castiga a sus enemigos. La Biblia no puede visualizar a un Dios de amor que no lo haga.

Allí lo tienes. Del mar de vidrio salen llamas con el fuego de la retribución (15:2). Al lado del mar están los santos. En sus manos sostienen unas arpas y comienzan a cantar. Es una canción diseñada de acuerdo al cántico de Moisés (Éxodo 15). Claro que lo recuerdas. Cuando los ejércitos del faraón persiguieron a los israelitas al desierto, se ahogaron en el mar. El pueblo de Dios se paró en la orilla opuesta y cantó una canción de adoración. Ésta es la misma escena, sólo que ahora es más grande y en el cielo. Este himno a Dios es una oda de victoria exaltando su poder y santidad, que consumen a sus adversarios.

Del templo celestial salen siete ángeles vestidos como sacerdotes. Cada uno tiene una copa. No es un plato hondo para sopa, sino una copa como usaban los de antaño para el vino.

Esta imagen es tomada de Jeremías 25:15ss, donde se le manda a Jeremías a maldecir a todos los países que han iniciado la guerra contra el pueblo de Dios. Es la misma canción, pero esta es la última estrofa. Las copas de la ira de Dios están a punto de derramarse sobre las naciones del mundo.

Se debe hacer varias observaciones acerca de estas copas de la ira. Primeramente, son una recreación de las plagas de Egipto. En realidad Apocalipsis es la historia del éxodo, donde el pueblo de Dios es liberado de la esclavitud de este mundo. El éxodo de Moisés pone el escenario. Por medio de él, Dios estableció una nación. Mil quinientos años después otro liberador llega al escenario. Cristo nos liberó de nuestro pecado. Nuestra cena memorial de comunión es un recuerdo de la pascua y una celebración de una nación recién establecida. Dios estableció un reino por medio de Jesús. Ahora, en un futuro no muy lejano, *Dios mismo liberará a su pueblo y el último éxodo por fin será cumplido.* Para entender este pasaje, sería útil mantener un ojo en Apocalipsis y el otro en Éxodo.

Segundo, debemos notar que el ciclo de las trompetas y el ciclo de las copas casi son idénticas como lo podemos ver en el diagrama al final de este capítulo.

La diferencia entre los juicios es que se ponen más severos mientras más avanzamos en el libro. También se ponen más intencionales. La primera serie de sellos parecía más como una parodia humana (ordenada por Dios, claro). La segunda serie de trompetas fueron desastres naturales y sobrenaturales, obviamente ordenados por Dios. Sin embargo, la tercera serie de copas, viene directamente del santuario de Dios. Sus efectos no son parciales (1/4 ó 1/3) como las primeras dos series de sufrimientos. La devastación de estas copas de la ira causa la aniquilación total.

Luego, en medio del ciclo más severo de juicio, el cielo resuena con adoración a Dios precisamente por estos actos de devas-

Dios mismo liberará a su pueblo y el último éxodo por fin será cumplido.

77

En este punto podemos hacer una de dos cosas: o cambiar nuestra perspectiva de Dios o reescribir las páginas de las Escrituras.

tación. "'Justo eres tú ... porque juzgas así: ellos derramaron la sangre de santos y de profetas, y tú les has dado a beber sangre, como se lo merecen'.... 'Así es, Señor, Dios Todopoderoso, verdadero y justos son tus juicios'" (16:5-7). ¿Es esto sadismo cristiano? ¿De veras tenemos que creer que el cielo celebra la devastación de la tierra? *En este punto podemos hacer una de dos cosas: o cambiar nuestra perspectiva de Dios o reescribir las páginas de las Escrituras.* Su ira NO es antitética a su bondad. Sino, es esencial a su santidad. Sólo un necio demanda que Dios ame a los rebeldes más que a su propia rectitud. Y es doblemente necio si piensa que puede forzar tal demanda. Todas nuestras esperanzas basadas en quimeras y frases redactadas para evitar ofensas no alterarán la propia naturaleza de Dios — ni un poquito.

Cuando Dios se levanta de su trono de juicio para promulgar su sentencia, no habrá quejas ni lloriqueos de, "¡No es justo!" Parte del incremento de la maldad en nuestro mundo es una de las formas en que Dios va aclarando el panorama. Por cada día que pasa, cada acto vil que sucede sin parecer ser notado, claramente los juicios de Dios son más y más necesitados. Son definidos más y más. Y uno de estos días, cuando se han terminado los juicios, no habrá nadie que pueda decir, "Pero no tuvimos la oportunidad de arrepentirnos. ¡No supimos!" ...

Y ahora lo que todos estábamos esperando ... la gran entrada de Dios. De la forma más inusual prepara su regreso. Con el sexto sello seca el río Éufrates. También esto es un recordatorio extraño del Éxodo. Conduce a los reyes del este y varias ranas diabólicas a la montaña de Meguido, eso es Armagedón (ver Ezequiel 38-39). Y empiezan a llover las preguntas. ¿Quiénes son estos reyes? ¿Dónde es Armagedón? ¿Qué representan las ranas? Un sin fin de discusiones han tratado de identificar a estas entidades. Últimamente nuestras mejores suposiciones son ex-

Una gráfica comparativa de los juicios de Dios

	Siete sellos (Apocalipsis 6 - 7) Ver Zacarías 1:8-12; 6:1-8	Siete trompetas (Apocalipsis 8 - 9; 11) Ver Éxodo 8 - 9	Siete copas (Apocalipsis 16)
1	Caballo blanco; jinete con arco Guerra	Granizo y fuego mezclado con sangre 1/3 de la vegetación destruida	Derramada sobre la Tierra Llagas en los que tienen la marca de la bestia (Éxodo 9:10ss)
2	Caballo rojo; jinete con espada Asesino	Montaña en llamas 1/3 de sus criaturas y barcos	Derramada sobre el mar Todo en el mar murió (Éxodo 7:19ss)
3	Caballo negro; jinete con balanza Hambruna	Estrella fugaz 1/3 de los ríos y manantiales	Derramada sobre ríos y manantiales El agua se convierte en sangre
4	Caballo amarillento; jinete llamado muerte Plaga	Sol, luna y estrellas Pérdida de 1/3 de luz	Derramada sobre el Sol Gente quemada con fuego
5	"¿Cuánto más Señor?" Mártires	"Estrella" abre el abismo; Humos y escorpión; langostas salen; 5 meses del aguijón; enfermedad para los que no están sellados por Dios Primera aflicción terminó	Derramada sobre el trono de la bestia Su reino echado a la oscuridad; hombres mordiéndose la lengua y maldicen a Dios por sus llagas
6	Terremoto, confusión galáctica, desastres naturales; naciones conquistadas; o juicio	Soltar los 4 ángeles en el río Éufrates y 200 millones de tropas 1/3 de la humanidad muerta con fuego, humo y azufre Segunda aflicción	Derramada sobre el río Éufrates; el agua se seca para preparar el camino para los reyes del este; tres ranas diabólicas reúnen a las naciones para combatir en contra de Dios
7	Silencio y siete trompetas	Voces fuertes en el cielo; El templo de Dios del cielo es abierto Juicio = Tercera aflicción	Derramada en el aire Relámpagos, truenos y terremotos

actamente eso — suposiciones. Es suficiente decir que Dios mueve a los reyes y a los demonios como si fueran peones en un tablero de ajedrez. Eso parece ser lo que es importante, no la identificación de estos guerreros malignos. Es Dios, no ellos, quien ocupa el centro del escenario en esta escena, entonces, mantengamos el enfoque en el centro del escenario. De todos modos, ellos serán arrebatados a su muerte igual de rápido como se levantaron.

Aquí es donde se pone bueno. Dios guía a estos guerreros malvados a poner sus líneas de batalla entre sí mismos. Ellos odian a Dios y sin duda pretenden destruirlo. Pero terminan destruyendo a sus propios aliados en una guerra civil de fuerzas satánicas. Así que, mucho del "trabajo sucio" de Dios es hecho por sus enemigos contra sus enemigos. ¡Es algo hermoso de ver! ¡Dios ni siquiera levanta un dedo, al menos que sea para apuntarles y reírse! Una vez que los tiene a todos en un lugar, Dios hace su entrada grandiosa. Cuando lo hace, hay estruendos, la tierra tiembla, las ciudades se desploman y los reyes se dispersan. Las montañas huyen y los cielos escupen granizo de 40 kilos. Y toma lugar el juicio de Dios. Un lado ovaciona y el otro gime.

Cada uno de estos tres ciclos parece seguir el mismo patrón. Los primeros cinco describen lo que se lleva acabo en la tierra. El sexto apunta hacia un conflicto galáctico final. El séptimo es una imagen del juicio final de Dios. Así que las copas han preparado el escenario para lo que resta del libro, lo que podríamos llamar, "Historia de dos ciudades". *Pero todavía queda una pregunta gigantezca: ¿Sabes de qué lado eres?*

REFLEXIONES DE LA SÉPTIMA LECCIÓN

1. ¿Cuál es el propósito de los siete sellos (6-7), las siete trompetas (8-9), y las siete copas (15-16)?

2. ¿Cómo respondes a la idea de que Dios se enoja? ¿Podría Dios ser un Dios de amor sin ser un Dios de ira?

3. Menciona todas las similitudes de los eventos del Éxodo y Apocalipsis 15-16.

4. Usando la gráfica en la página 79, ¿cuáles son las similitudes y las diferencias entre los tres ciclos de siete?

5. ¿Por qué nadie podrá quejarse o lloriquear ante el juicio de Dios?

6. En tus propias palabras, expresa qué beneficios positivos salen de las cenizas de los sufrimientos y dolor humanos. (Puede haber muchas respuestas correctas; saca todas las que puedas de estos principios encontrados en Apocalipsis, especialmente estos tres ciclos de siete).

7. ¿Sabes de qué lado estás?

8
OCHO

El destino de los condenados

Una de las cosas más frustrantes en tiempos de tribulación es cuando los malvados prosperan. Cuando parece ser que la gente malvada se sale con la suya, los santos se encogen con desagrado. Bueno, en los siguientes cuatro capítulos de Apocalipsis, al Dragón, a la Bestia y a la Ramera se les da su merecido.

Strike uno

El capítulo 17 se abre, y nos vemos cara a cara con la ramera. ¡Y qué vista! La rodean todos los reyes que ha seducido. Está montada sobre la bestia del capítulo 13, adornada con vestimenta color púrpura y con joyería de oro, perlas y piedras preciosas. Como una verdadera prostituta romana, en la frente lleva un nombre misterioso: LA GRAN BABILONIA, MADRE DE LAS PROSTITUTAS Y DE LAS ABOMINABLES IDOLATRÍAS DE LA TIERRA. En su mano tiene una copa llena de suciedad y está borracha con la sangre de los santos.

¡Que linda imagen! ¿Qué quiere decir? *Afortunadamente* Juan explica el significado de esta visión en 17:8-14. *Desafortunadamente* su explicación es más enigmática que la imagen. ¿Quiénes son estos diez reyes? ¿Son un tipo de sociedad de las naciones? ¿O describe una serie de emperadores romanos? ¿Qué y dónde están estas siete colinas? ¿Y quién es el octavo rey?

¿El anticristo? Una breve encuesta sobre la literatura de Apocalipsis en este punto ilustra que por cada doctor en teología con una opinión hay otro igual y con una opinión opuesta. Ha habido mucha especulación sobre estos diez reyes, sus siete colinas y especialmente este octavo rey, quien fue, no es, pero surgirá para la destrucción.

Obviamente no resolveremos los misterios del universo en los siguientes dos párrafos. Sin embargo, podemos estar casi seguros sobre algunas cosas acerca de las visiones misteriosas de Juan. Primero, la bestia que tenemos aquí se está haciendo pasar por Dios, el Eterno, el que es y que era y que ha de venir (1:4, 8; 4:8). Pero aun así, la bestia ni llega cerca. Tres veces es identificada como la que una vez fue, ahora ya no es, y surgirá de nuevo, pero sólo será para el juicio (17:8, 11). Parece ser que Dios se está burlando de ella. Cierto, sí reinó, pero ahora está sin poder y cuando surja de nuevo, sólo será para recibir su sentencia. Segundo, el octavo rey es la bestia, sobre la cual está descansando la ramera. Prácticamente esta bestia es el diablo encarnado. Por eso dice que él pertenece a los otros siete reyes (17:11). Él es su cabeza y héroe. Él es el verdadero poder detrás de todos los gobernantes terrestres que cumplen su programa. Y justo en los talones de estos siete reyes tenemos a otros diez. Pudo haber sido que Juan tuvo a diez

Todos los emperadores terrestres que gobiernan por medio del ímpetu de Satanás compartirán su destrucción.

gobernantes específicos en mente de su época o de otra época en el futuro. Sin embargo si fue así, se ha perdido el significado para los lectores del Apocalipsis. Probablemente deberíamos pesar a estos gobernantes en vez de contarlos. Después de todo, los dos números, siete y diez, son sumamente simbólicos. Tienen que ver con lo completo (totalidad). Con eso en mente, estos dieciséis reyes llegarán a esto: *Todos los emperadores terrestres que gobiernan por medio del ímpetu de Satanás compartirán su destrucción.*

Regresando a la primera situación — la prostituta. No hay duda que la audiencia judía de Juan había escuchado el término de "prostituta" y recordaron las palabras de Oseas sobre Israel. (También Jeremías 3:1-3; Ezequiel 16:15-41, etc.). Entonces algunos dicen que esta mujer malvada es un símbolo del sistema religioso judío corrupto. El problema es que ella también se parece mucho a Roma. Después de todo, trabaja en conjunto con la bestia que es llamada Babilonia; estos dos códigos tenían conexión con Roma en los días de Juan. Entonces lo más probable es que esta mujerzuela es un símbolo de la religión falsa en general, sea que aparezca en forma de judaísmo ortodoxo echado a perder o a paganismo romano fuera de control. Sin embargo, funciona de la misma manera que la bestia del capítulo 13. Usa y promueve la bestia que sube del mar. En otras palabras, como en el capítulo 13 tenemos religiones falsas y gobiernos paganos alimentándose uno del otro. Anteriormente la bestia de los gobiernos paganos recibió la atención. Pero aquí la ramera de la religión falsa toma el centro del escenario.

Aun así, este capítulo no se trata de cómo los dos trabajan juntos, sino qué castigo les tocará. Allí es donde se pone interesante. El versículo 16 dice que la bestia odiará a la ramera, devorará su cuerpo y destruirá sus restos con fuego. Los santos vitorean. Nuestra enemiga, la prostituta, ha sido destruida por su propio aliado. ¿Es posible esto? De hecho, si miramos a nuestro alrededor, podremos ver cuan ciertas son estas palabras. El go-

La cultura pagana que nos rodea no durará para siempre.

bierno pagano usará a las religiones falsas para su propio bien. Pero cuando termine con ella, la bestia perseguirá a la religión falsa al igual como lo hace con el cristianismo. Lo mejor todavía está por venir. Escucha: **"Porque Dios les ha puesto en el corazón que lleven a cabo su divino propósito. Por eso, y de común acuerdo, ellos le entregarán a la bestia el poder que tienen de gobernar, hasta que se cumplan las palabras de Dios"** (17:17). Dios divide a los rangos del enemigo y los vuelve uno contra el otro. Entre ellos mismos explotan. Todo lo que hacemos nosotros es verlos. Dios ni levanta un dedo. Él sólo pone la semilla en la mente de sus enemigos y ellos hacen todo lo demás.

Eso es en cuanto a la religión falsa, pero el canto de destrucción continúa en el capítulo 18, con la cultura pagana, representada por Babilonia. Saben, estos dos van mano a mano. Es decir, la prostituta de la religión falsa y la cultura pagana, bajo la bandera de Babilonia son primas cercanas. Trabajan juntas para seducir a los santos de Dios para que reciban la marca de la bestia.

Los reyes de la tierra (18:9) lamentan la muerte de Babilonia. También los comerciantes (18:11) y cada capitán de barco (18:17). Ellos están perdiendo sus comercios en las "cosas más finas de la vida". Toda la tierra lamenta su muerte. Pero el cielo se regocija y llama a los santos que se unan (18:20-24). *La cultura pagana que nos rodea no durará para siempre.* Eso es lo que significa el capítulo 18. Pero el propósito de este capítulo se menciona en 18:4: **"Salgan de ella, pueblo mío, para que no sean cómplices de sus pecados, ni los alcance ninguna de sus plagas".** No podría ser más simple. Salta de la cama de la prostituta o te quedarás con ella en su sufrimiento. Este capítulo es una llamada seria a la santidad. Como gente de Dios, debemos ser apartados. No nos podemos permitir participar en los programas, entretenimientos, disgresiones o asuntos del mundo. No es un llamado al monasterio, pero sí es un llamado a una contracultura.

Strike dos

La ramera y su ciudad acaban de perder la competencia. Ahora está por irse la bestia. El capítulo 19 abre con el gran coro "Aleluya". De hecho, estos primeros seis versículos contienen los únicos usos de la palabra en todo el Nuevo Testamento. El cielo se vuelve extático porque están a punto de celebrar la cena de las bodas del Cordero. **"¡Alegrémonos y regocijémonos y démosle gloria! Ya ha llegado el día de las bodas del Cordero. Su novia se ha preparado"** (19:7).

Así que cuando el cielo se abre, uno espera ver salir a un novio, con un esmoquin puesto y listo para una boda. Pero eso no es lo que sucede. Sale un rey montado sobre un caballo y vestido para una batalla. La bestia llama a los señores de la tierra. Sus ejércitos se preparan para la batalla. Esperamos el sonido de los escudos al chocar y los lanzabombas de fuego. ¡Pero nada! Asombrosamente, *no hay una batalla de Armagedón, sólo una masacre de la oposición de Dios.* Esta es la batalla más unilateral en la historia humana. La bestia y el falso profeta son capturados y lanzados al lago de fuego. La espada de la boca de Jesús mata a los demás y las aves del cielo se agasajan en su carne. Es grotesco y glorioso a la vez.

Strike tres

Estamos libre ya de la bestia y la ramera. Dos fuera, falta uno. Es hora de matar al dragón. Sin duda el capítulo 20 es el capítulo más controversial de Apocalipsis y tal vez de toda la Biblia. Sin embargo, el argumento de la historia es muy simple. El diablo es su-

No hay una batalla de Armagedón, sólo una masacre de la oposición de Dios.

jeto por mil años en el abismo. Después de eso, es liberado por poco tiempo. Causa muchos estragos entre las naciones y reúne a Gog y Magog para la batalla. *Fuego del cielo los consume y todos los malos son echados al lago de fuego.* PUNTO FINAL.

Hay dos cosas que complican la situación. Primero, ¿sigue cronológicamente el capítulo 20 al capítulo 19? ¿O relatan la misma historia, pero de diferentes perspectivas? Segundo, ¿tomamos los mil años literalmente? ¿O, lo vemos como un "período largo de tiempo"?

Los dos puntos de vista más comunes del significado de este capítulo son más o menos así. Punto de vista #1: Después de un período de siete años literales de tribulación, Cristo regresará a la tierra. Satanás estará encerrado en el abismo por mil años. Durante ese tiempo Jesús reinará en *esta* Tierra como un dictador global en Jerusalén. Durante un milenio literal habrá paz, prosperidad sin precedentes, un gran número de cambios sobrenaturales en nuestro mundo natural, como los lobos descansando al lado de las ovejas. Al terminar los mil años, Satanás será liberado. Juntará a sus tropas para la batalla final en contra del reino de Jesús. Por supuesto, el diablo perderá. En seguida la Tierra será destruida, el juicio se llevará a cabo y por fin se habitarán la Nueva Jerusalén y el lago de fuego.

El segundo punto de vista es radicalmente diferente. Sugiere qe estas descripciones son figurativas. A fin de cuentas, el libro de Apocalipsis, como otras literaturas apocalípticas, es un mensaje en código que se trata de símbolos en lugar de descripciones literales. Entonces, los mil años representan un período largo de tiempo en donde la iglesia, por medio de la predicación del evangelio, combate la decepción, intimidación y acusación de Satanás en contra de los redimidos. Esto se está llevando a cabo en el presente. El trabajo de Satanás está "sujeto" por medio de la predicación del evangelio y el crecimiento del reino de Dios en la Tierra. Particularmente, está limitado de engañar a las naciones (20:3 y 8). Y de hecho, parece que la predicación del evangelio está haciendo exactamente eso. Donde la Biblia florece, la decepción satánica disminuye. Después de que estos "mil" años terminen (eso es, después de la era de la iglesia), habrá una pequeña etapa de caos de los "tiempos finales" donde Dios le dará más libertad al diablo para engañar a las naciones (ver 1 Tim 4:1-3). Pero entonces al regresar Cristo destruirá al diablo y a sus defensores. La Tierra y sus obras serán quemadas, el juicio se llevará a cabo y la Nueva Jerusalén y el lago de fuego serán habitados — ¡todo en el mismo día!

Los dos puntos de vista tienen sus buenos defensores, hombres y mujeres de inteligencia, fe y devoción. Los dos tienen muchos otros pasajes bíblicos que apoyan su posición. También tienen unas faltas muy graves. Tal vez tengamos que esperar el regreso de Cristo para aclarar este asunto (como si nos fuera a interesar en aquel entonces). Aquí, nuestro propósito no es de hacer un bosquejo escatológico, sino preguntar: ¿Cómo es que este texto funciona en el cuerpo de Cristo? En otras palabras, nos debería importar más el "¿Qué debemos hacer sobre ello?", que "¿Qué quiere decir?"

Tal vez, en lugar de preguntar, ¿Qué es lo que los expertos dicen de este texto?", podríamos lograr más preguntando, ¿Cómo leerían este texto aquellos que están sufriendo? *¿Cómo lo leería una mujer viuda en la China cuyo marido fue asesinado por predicar a Jesús?* ¿Cómo lo leería un jovencito cristiano en el Sudán cuando enfrenta la posibilidad de perder a su familia por tener fe en Cristo? ¿Cómo lo leería un hombre de negocios evangélico cuando pierde su clientela por convertirse en discípulo de Cristo? Este capítulo tiene tres men-

¿Cómo lo leería una mujer viuda en la China cuyo marido fue asesinado por predicar a Jesús?

sajes esenciales para cada uno de estos creyentes. De seguro, cuando leen que Satanás está encadenado dirán, "¡Hoy no lo está! De hecho ha sido liberado sobre mí!" Frente a tal ataque satánico, estas palabras de una forma diferente traen consuelo.

Primero, aunque Satanás ha sido liberado sobre mí por ahora, no durará mucho. Aunque haya sido sujetado por mil años, su libre reinado de terror es breve. Si puedo aferrarme un poco más a Cristo, pueda sobrevivir la agresión de Satanás. Segundo, aunque Satanás me ataque, él no es quien manda. Dios lo sujetó, Dios lo liberó y Dios lo destruirá. Dios es el que sostiene el control del tiempo y de la eternidad. Es Dios quien sostiene mi vida en sus manos. Aunque mi sufrimiento parece ser insoportable, Dios es soberano, no el diablo. Si sólo puedo confiar en él, él me sustentará en medio de tribulación. Tercero, Dios se las hará pagar a Satanás por cada obra malvada que haya hecho. De seguro verá la furia completa de la ira de Dios. Uno no tiene que ser cruel, de mal espíritu, para que la máxima justicia sea de consuelo. Aun en una corte secular, la multitud aplaude cuando un criminal horrible recibe su sentencia. Si me aferro a Cristo, muy pronto él corregirá todo lo incorrecto.

Teológicamente, este capítulo es complicadísimo. Pastoralmente, es una obra maestra de consuelo para aquellos que están sufriendo. Supongo que si lo vemos de una forma intelectual, estando cómodamente ubicados en nuestro sillón favorito, sin duda discutiremos de su significado. Pero cuando estas palabras se ven dentro del marco de la persecución cristiana, tienen una claridad cristalina y una belleza incomparable.

> La tormenta del infierno es demasiado sombrío para ponerle palabras. La belleza del cielo es más increíble de lo que podemos imaginar.

¡Tres strikes — estás fuera!

Podríamos debatir el significado de 20:1-10. Sin embargo, versículos 11-15 están claritos. Habrá un día de juicio. El primer libro que se abre es un recuento de nuestros hechos. Cada persona, sea grande o chica, serán juzgados de acuerdo a lo que han hecho. Nadie se salvará por sus hechos que están escritos en el primer libro. Pero, sí seremos salvados porque nuestros nombres están escritos en el segundo libro, el libro de la vida. Por medio de la sangre de Cristo, nuestros nombres están escritos. Cualquiera que se rehusa recibir su amor será echado al lago de fuego. El infierno es demasiado serio para hacerle caso omiso. *Su tormento es demasiado sombrío para ponerle palabras.* Más nos vale poner atención a estas advertencias antes de que sea demasiado tarde. En comparación, *la belleza del cielo es más increíble de lo que podemos imaginar.* La sabiduría nos llama ahora a que escojamos seguir a Dios. Nuestro camino temporal en esta tierra es tan breve en la sombra de la vida que está por venir. Si tenemos que sufrir por Cristo, no será nada comparada con los extremos de la eternidad.

REFLEXIONES DE LA OCTAVA LECCIÓN

1. ¿Cuáles son las dos cosas que sabemos con certeza acerca de la bestia y el octavo rey?

2. ¿Quién es la prostituta? ¿Qué es lo que ella hace? ¿Cómo es destruida?

3. ¿Qué representa Babilonia? ¿Qué sucede cuando cae?

4. ¿Cómo difiere el cuadro del Cristo que se encuentra en el capítulo 19 de su ministerio terrenal?

5. ¿Cuáles dos cosas complican nuestra interpretación del capítulo 20? Resume los dos puntos de vista de este pasaje.

6. ¿Cómo funciona este texto en las vidas de los que están sufriendo? ¿Qué deben hacer como resultado? ¿Cuáles son los tres mensajes de consuelo de este capítulo?

7. Haz una paráfrasis de la descripción del juicio en Apocalipsis 20:11-15. Compáralo a Mateo 25:31-46. ¿Qué papel desempeñan nuestras buenas obras en nuestro juicio?

9
NUEVE

Y, a continuación . . .

Cuando Cristo regrese, no vamos a ir al cielo. Lee Apocalipsis 21:1-3, "**Después vi un cielo nuevo y una tierra nueva, porque el primer cielo y la primera tierra habían dejado de existir, lo mismo que el mar. Vi además la ciudad santa, la nueva Jerusalén, que bajaba del cielo, procedente de Dios, preparada como una novia hermosamente vestida para su prometido. Oí una potente voz que provenía del trono y decía: ¡Aquí entre los seres humanos, está la morada de Dios!**"

Es verdad que mucho del Apocalipsis es sumamente figurativo. Sin embargo, estas figuras describen realidades. En otras palabras, algunas de estas descripciones de la nueva Jerusalén podrían ser la mejor forma que Juan podía describir, dado nuestro entendimiento terrenal y vocabulario limitado (p.ej. calles de oro). Aun así, la realidad detrás de estas descripciones es muy real.

¿Qué quiere decir esto? Quiere decir que cuando Jesús regrese, no iremos al cielo sino a la nueva Jerusalén, la cual será establecida en la tierra nueva. Eso es un pensamiento maravilloso.

La adoración de Dios será inmensamente satisfactoria. Adorarle a él por toda la eternidad nunca se volverá aburrido.

Si fuéramos al cielo, especialmente como lo pintan típicamente, ¿no sería algo aburrido? Estaríamos vestidos de blanco sentados en una nube. ¿Y qué hacemos allá arriba por toda la eternidad? Cantamos. ¡Escúchame, después de soportar los cantos en algunas reuniones de hermanos, estoy convencido que el canto congregacional eterno podría ser el infierno!

Bueno, allí estamos sentados, cantando. Cantamos todos los cantos del himnario . . . dos veces. Hasta tenemos tiempo de cantar todas las estrofas que no cantábamos aquí en la tierra. Todo eso toma como tres días. ¿Qué hacemos entonces? ¡Lo cantamos de nuevo! Después de como un año nos aburrimos. Entonces comenzamos con los himnarios denominacionales. Después de un rato tendremos que cantar los cantos alemanes y gregorianos en latín. Eventualmente, hasta ésos se agotan. Pero ya sabemos lo que dice el canto, "Y cuando en Sion por siglos mil brillando esté cual sol, Yo cantaré por siempre allí su amor que me salvó". ¡OH NO!

Por favor, no mal entienda, *la adoración de Dios será inmensamente satisfactoria. Adorarle a él por toda la eternidad nunca se volverá aburrido.* Pero reducir la adoración a solamente cantos es aburrido y no muy bíblico. El retrato de la nueva Jerusalén mencionada en los capítulos 21 y 22 es de una ciudad en una tierra física. Esto tiene mucho sentido ya que la palabra de Dios nos promete cuerpos resucitados (1 Corintios 15). Imagínate, el Edén será restaurado. Habrá agricultura y arquitectura, cultura y arte, plantas, animales, campamentos, ríos, casas y entretenimiento. ¿Te puedes imaginar qué lugar tan maravilloso sería este mundo sin pecado? Así será la nueva tierra. ¡Te puedes imaginar qué avanzados estaríamos tecnológicamente si no nos distrajéramos con guerras, medicina, protección policíaca y el gobierno? Es muy probable que haya avances tecnológicos en la nueva Jerusalén que excedan por mucho lo que tenemos o podamos imaginar aquí. Dios no se opone a nuestra curiosidad o creatividad; ambas nos las dio él. Como dijo Salomón, "**Gloria de Dios es ocultar un asunto, y gloria de los reyes el investigarlo**" (Prov. 25:2). Ponte a pensar, un juego eterno de escondite, mostrar y compartir y juego de imitar lo que hace el rey.

Hasta ahora, simplemente he sugerido que la nueva Jerusalén es real, un mundo palpable y que nuestros cuerpos también serán reales (aunque espirituales y trasformados), como quiera que sea eso. Un día visité a uno de mis ancianos, un ex-físico de la NASA. Salió el tema de esta ciudad y dije, "Oye Juan, ¿te imaginas el sistema de ascensores en una ciudad de 2.200 kilometros cúbicos?" El me preguntó, "¿No dice la Biblia que nuestros cuerpos serán como el de Cristo resucitado?" "Pues sí" contesté (Filipenses 3:21). Continuó preguntando, "¿Entonces por qué piensas que vamos a necesitar ascensor?" Obviamente la naturaleza de nuestros nuevos cuerpos es especulativa, pero de repente las posibilidades se vuelven **muy** interesantes.

Entonces ¿cómo será la nueva Jerusalén? Apocalipsis la describe en términos de lo que no hay allí y de lo que sí hay allí.

Lo que no hay allí

En la nueva Jerusalén no habrá desempleo, huelgas, policía, políticos, doctores, abogados, (¡en serio!), predicadores (gloria a Dios), prisiones, hospitales, hacienda publica, inmigración, Servicio de Inteligencia Nacional, Agencia Central de Información, pintura anti-oxidante, bolas de naftalina, candados, pañuelos, focos, bodas, funerales, ni ejércitos . . . solo por mencionar algunos. Estos dos últimos capítulos se ponen aun más específicos.

(1) Ya no habrá mar (21:1). Antes las "muchas aguas" se usaban para describir mucha gente, lenguas, e idiomas. Es algo razonable. En el mundo antiguo, los mares eran lugares peligrosos que mantenían a la gente separada. Impedían la abun-

En la nueva Jerusalén faltará todo lo que nos detiene de ser rectos.

dancia de comercio y las maravillas de otras culturas. En la nueva tierra no habrá separación entre las gentes. *Aunque habrá una diversidad increíble, no habrá racismo ni parroquialismo.* De donde vivo yo, aquella nueva tierra se ve muy atractiva.

(2) Ya no habrá más lágrimas o muerte, ni llanto ni dolor (21:4). No se permite el cáncer. No habrá funerales, divorcios, asesinatos, robos, chismes, sueños truncados, rencores, recuerdos que atormentan o lamentos de toda la vida por pecados momentáneos.

(3) Ya no tendremos que ir a la iglesia (21:22). Viviremos eternamente en la presencia de Dios. No lo tendremos que buscar por medio de sacerdotes o liturgias. Ya no más "tiempos devocionales" o bosquejos de sermones. Todas esas sombras serán consumidas en su gloriosa realidad.

(4) Y no hay sol ni luna (21:23). Dios mismo proveerá toda la luz que necesitemos.

(5) Nada impuro entrará en la nueva Jerusalén (21:27). Entonces ¿cómo esperamos poder entrar nosotros? Obviamente la sangre de Cristo nos purifica. ¡Que pensamiento tan majestuoso! Sin embargo, puede ser aún más magnífico que una "*simple*" santificación. ¿Podría ser que estaremos sin pecado en nuestros nuevos cuerpos? ¿Podría ser que Jesús ya no tenga que servir como mi abogado defensor ante el Padre? ¡Eso suena más como un cuento de hadas en lugar de una vida eterna! Aun así, las cosas que me hacen pecar ya no existirán. En primer lugar, Satanás y sus demonios no recibirán un pase de entrada. Ya no pondrán ideas en mi mente y oportunidades en mi camino. Claro, soy perfectamente capaz de pecar por mi propia cuenta. Pero los enemigos de Dios me ayudan de manera exponencial. Sin ellos, estaré mucho más cerca de la perfección. Segundo, no viviré en una sociedad donde prevalece el pecado. Allá no habrá carteleras lujuriosas o conductores agresivos con sus gestos groseros. No hay sectores de prostitución o tiendas sólo para adultos, ni cen-

tros comerciales materialistas o Hollywood para promover el engrandecimiento propio y la explotación de los deseos sensuales. Porque mi medio ambiente será purificado y mi mente transformada, estaré muy cerca de la perfección. Tercero, no habrá matrimonios ni casamientos. La Biblia no dice que seremos asexuales en el cielo. Pero la naturaleza de nuestra sexualidad será trasformada. La sexualidad es un don dado por Dios y es bueno. Sin embargo, ¿Quién podría negar que es una de las maneras primordiales de cómo Satanás aleja a la gente? Sin mis pasiones presentes me acercaré más al estar sin pecado. Cuarto, no habrá competencias en el cielo. Estoy a mi máximo cuando verdaderamente adoro a Dios. No sucede lo suficientemente seguido, pero de vez en cuando estoy sumamente consciente de la presencia de Dios. Entonces, es cuando tengo mis mejores pensamientos, entonces es cuando soy más humilde y más como Jesús. Porque viviremos permanentemente en la presencia de Dios, nuestros pensamientos serán más elevados, nuestros motivos serán más nobles y nuestros espíritus más humildes. Podemos estar sin pecado. Hay una última cosa. Es el tiempo. A menudo priorizamos proyectos en lugar de gente. Escuchamos malamente o trabajamos al azar porque nos presiona el reloj. En la eternidad, ¿cuál es la prisa? Siempre tendremos tiempo para escuchar los cuentos de los niños, de tomar la mano de un amado, de sentarnos y en silencio observar al mundo. No habrá plazos que cumplir, ni problemas de trafico que nos complican la vida, ni apresurarnos para tener el primer lugar en las filas. Suena demasiado bueno para ser verdad. En la nueva Jerusalén faltará todo lo que nos detiene de ser rectos.

(6) No habrá maldición (22:3). Para ambos, hombres y mujeres, esto significa que ya no hay muerte. Para los hombres también quiere decir que no nos ganaremos la vida con el sudor de nuestra frente. Para las mujeres ya no habrá dolor durante el parto. Pero hay algo más. Dios le dijo a Eva que ella "desearía" a su marido pero que él dominaría sobre ella. Leemos la palabra "desear" y percibimos cosas buenas. Nos imaginamos a una

mujer en su vestido de noche con una cena con velas prendidas esperando a que llegue su hombre a casa. ¡Equivocación! Esta palabra en particular traducida como "desear" sólo se usa dos veces en el Antiguo Testamento. Se encuentra en el pasaje de la maldición que acabamos de mencionar (Genesis 3:16). Después en el próximo capítulo (4:7), Dios le dice a Caín, "El pecado te acecha; como una fiera lista para atraparte (en hebreo – te desea)". Así que nos podemos imaginar una mujer con tubos en la cabeza, alambre de púas y su rodillo de cocina, escondida detrás de la puerta, deseando aporrear al imbécil cuando entre por la puerta. Esta tensión entre los sexos es parte de la maldición. Gloria a Dios que es aliviado por Cristo Jesús (ver Gálatas 3:28). Es aliviado pero no erradicado. Aun hay diferencias de los papeles entre los hombres y mujeres en las iglesias. Aún más, las mujeres cristianas todavía luchan con el deseo de dominar y tristemente, aun pierden en grande. Todavía son las mujeres que primordialmente reciben trabajos de menos paga, que son violadas, que son golpeadas por sus esposos, que llevan las responsabilidades hogareñas mayormente solas. Ellas nunca ganan – están bajo maldición. Sin embargo, en el cielo, todo esto cambiará. No habrá más competencia, peleas ni sufrimiento. *Dios pondrá fin a la desigualdad entre los sexos.*

Lo qué habrá allí

El cielo será un lugar maravilloso por todo lo que no habrá allí. Pero *nuestros corazones anhelan el cielo por lo que sí hay allí.* Habrá santos de antaño en el cielo: Abraham, Isaac, Jacob; Pedro, Santiago y Juan. ¡Las conversaciones que tendremos! Además, hay muchas personas que amamos. Las esposas serán reunidas con sus esposos. Cierto, la naturaleza de su relación cambiará, pero qué bonito será. Los padres verán a hijos que murieron en sus cunas. Los abuelos se presentarán con sus nietos quienes sólo los conocían por medio de

Dios pondrá fin a la desigualdad entre los sexos.

98

fotos e historias. Aunque esa reunión va a ser muy bonita, no es la razón por la cual queremos ir allí.

Nuestros corazones anhelan el cielo por lo que sí hay allí.

Habrá riquezas inimaginables. Juan describe esta ciudad de proporciones enormes con riquezas que dejan a sus lectores atónitos (21:18-21). ¡Hasta el pavimento es de oro de 24 quilates! ¡El coro de ángeles . . . bueno, será celestial! La nueva tierra de seguro avergonzará a ésta (¡y Dios no hizo mal trabajo en ésta!). A nadie le faltará comida. Todos son príncipes y princesas en el reino de Dios. Todos soñamos con tal lujo y comodidad. Aun así, no es la razón por la cual queremos ir allí.

Tendremos cuerpos nuevos. Sin artritis, sin límites físicos, sin mirar en el espejo preguntándonos "¿Por qué?" Tendremos energía para jugar y trabajar, tiempo para descansar y adorar. Aunque suena maravilloso, no es la razón por la cual queremos ir allí.

Queremos ir allí porque *él* está allí. Él está allí. Éste de quien hemos hablado, al que hemos cantado, de quien hemos leído y escrito. Él está esperando con sus brazos extendidos y con estas palabras: "Hiciste bien, siervo bueno y fiel . . . Ven a compartir la felicidad de tu Señor". No puedo dejar de pensar que con sólo un vistazo de su persona hará que todas nuestras palabras sean irrelevantes. Es mucho más grande de lo que hemos descrito, mucho más glorioso de lo que nos hemos imaginado. Nuestro impulso no será de ir y abrazarlo como un buen amigo, sino de caer a sus pies, anonadados, temerosos, convulsivos en lo majestuoso del momento. Sospecho que sólo será su amor tan inmenso que nos levanta sobre nuestros pies para abrazarlo.

El cielo es mejor de lo que piensas y más pronto de lo que piensas. Jesús dice, "¡Miren que vengo pronto!" (22:7). "El tiempo de su cumplimiento está cerca" (22:10). "¡Miren que vengo pronto!" (22:12). "Sí, vengo pronto" (22:20). Su súplica apasionada es que nosotros vengamos a él. "El Espíritu y la novia

Entonces aquí está la verdad más asombrosa de toda la eternidad: Dios te ama.

dicen: ¡Ven!; y el que escuche diga: ¡Ven! El que tenga sed, venga; y el que quiera, tome gratuitamente del agua de la vida".

Entonces aquí está la verdad más asombrosa de toda la eternidad: Dios te ama. De hecho, no sólo te ama, le gustas, le gustas mucho. Te invita a él porque anhela tu presencia (21:3). Entonces ¿qué le podemos responder al Dios del universo que nos invita a venir? ¿Qué podemos decir sino, "¡Ven, Señor Jesús!" (22:20)?

REFLEXIONES SOBRE LA NOVENA LECCIÓN

1. ¿Cómo respondes a la idea de una tierra física como nuestro destino eterno? ¿En qué tipo de trabajo y juego te querrás involucrar?

2. De acuerdo a 1 Corintios 15:35-53; Filipenses 3:21 y Apocalipsis 21:4, ¿cómo podrían ser nuestros nuevos cuerpos?

3. ¿Qué cosas no habrá en el cielo? ¿Con cuáles tres estarás más contento en ver que se quiten?

4. ¿Cómo es posible que no tengamos pecado en el cielo?

5. ¿Qué "maldiciones" serán quitadas en el cielo?

6. Menciona las cosas bonitas que estarán en el cielo. ¿Cuál es la más bonita de todas?

7. ¿Cómo te hace sentir saber que Dios anhela tu presencia en el cielo?

Otros títulos disponibles por:

LITERATURA ALCANZANDO A TODO EL MUNDO (LATM)

El Cielo
¡lugar de maravillas!

_____

Kenny Boles

Para estudios en grupos pequeños o estudio personal—

El cielo

Este estudio le pondrá el gusto del cielo en su boca. Comience a saborear bocadillos de la verdad revelada en la Escritura y luego deje que su mente tenga libertad para imaginar como nunca sobre el cielo. La última pregunta que el Sr. Boles propone es, de veras, importante: ¿Cuándo comienza el cielo? La respuesta debe siempre ser . . . ¡tal vez hoy!

Un libro para **el que enseñe** y **el que desea aprender**—

La vida cronológica de Cristo, tomo 1

El libro está escrita con un solo fin — ver a todo cristiano mejorar su habilidad de estudiar la Biblia. Para lograrlo, Mark Moore redactó una cronología definitiva de la vida de nuestro Señor. El comentario ocupa ejemplos que dan un entendimiento claro de cómo cada texto habla al mundo de hoy. Para el estudiante serio y para el maestro que desea enseñar fielmente la Palabra de Dios.

tomo 1
de la gloria a Galilea

La vida cronológica de **Cristo**

mark e. moore

Alimento espiritual
tres lecciones acerca
del reino de Dios

Boyce Mouton

Alimento espiritual —
tres lecciones acerca del reino de Dios
La semilla
Las dos imágenes
Las bendiciones de la obediencia

Estos estudios son como alimento sólido porque requieren pensamiento detenido y meditatción para entenderlos. Cuando digiere verdad profunda, entonces, como buena semilla en buena tierra, la palabra de Dios toma raíces profundas en su corazón.

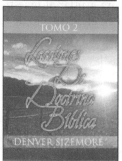

Sobre el Autor

Mark E. Moore se recibió de Ozark Christian College en 1986 con una Licenciatura en Teología y estudió su Maestría en Educación en Incarnate Word College en San Antonio, Texas, titulándose en 1990. Después estudió en Southwest Missouri State University para otra Maestría en Estudios Religiosos. Sirvió como pastor de una congregación bilingüe desde 1986 hasta 1990. En el año 1990, regresó a Ozark para abrir The Learning Center y para enseñar la "Vida de Cristo", el libro de "Hechos" y la "Interpretación Bíblica". Es el autor de *La Vida Cronológica de Cristo* de dos tomos impresa por College Press. Su esposa, Bárbara y sus dos hijos, Joshua y Megan, son su fuente de orgullo e inspiración.